GRIAN

MÁS ALLÁ
DEL ARCO IRIS

EDICIONES OBELISCO

Si este libro le ha interesado y desea que le mantengamos informado de nuestras publicaciones, escríbanos indicándonos qué temas són de su interés (Astrología, Autoayuda, Ciencias Ocultas, Artes Marciales, Naturismo, Espiritualidad, Tradición) y gustosamente le complaceremos. Puede encontrar nuestro catálogo en: www.website.es/obelisco

Colección Obelisco Narrativa
Más Allá del Arco Iris
Grian

1ª edición: Junio de 1998

Diseño portada: Ricard Magrané sobre una ilustración de Flor Navarro
© by Toni Cutanda Morant
© by Ediciones Obelisco, S.L. 1998
(Reservados todos los derechos para la presente edición)
Edita: Ediciones Obelisco S.L.
Pere IV, 78 (Edif. Pedro IV) 4ª planta 5ª puerta
08005 Barcelona - España Tel. (93) 309 85 25
Fax (93) 309 85 23
Castillo, 540, Tel. y Fax. 771 43 82
1414 Buenos Aires (Argentina)
E-mail: obelisco@website.es
Depósito Legal: B. 26.812 - 1998
I.S.B.N.: 84-7720-645-7

Printed in Spain

Impreso en España en los talleres gráficos de Romanyà/Valls S.A.,
c/ Verdaguer, 1 - 08786 de Capellades (Barcelona)

A mi hija Diana,
fuego, viento y libertad
A mi hijo Govinda,
roble, lago y serenidad
Futuros Guerreros de la Luz,
Hacedores de un Mundo Mejor.

Mi reconocimiento agradecido a todas las grandes
tradiciones espirituales de la Humanidad, de cuya sabiduría
se pueden encontrar rastros en este libro: al Cristianismo,
al Budismo, al Islam, al Judaísmo y al Taoísmo, a
la bellísima tradición celta y a la ancestral
tradición chamánica de América.

Asimismo, deseo expresar mi profunda gratitud a
los distintos autores que, a lo largo de los años, sembraron
de fértiles semillas el sendero de mi vida y de quienes
he tomado algunas de las ideas y vivencias aparecidas en
este cuento, entre ellos: Max Heindel, Teresa de Ávila,
Karlfried Graf Durkheim, Ken Wilber, Jiddu Krishnamurti,
Tony de Mello y Carlos Castaneda.

Y, cómo no, mi eterna gratitud a todos los seres
que pueblan la Naturaleza, que tanta paz trajeron a mi alma
y de quienes tanto he aprendido.

¿Sentiste tú también la decepción de aquel que esperaba encontrar perlas en la vida, y no halló más que ostras vacías y algas muertas?

¿Pensaste tú también que la injusticia caía sobre tu cabeza, ausente tu voz entre las voces de las multitudes que la habían llamado de la oscuridad de sus dominios?

Y sin embargo el marinero no se siente decepcionado cuando el mar levanta sus olas contra él. Ni cree que su barco le trata injustamente cuando al fin desiste en su batalla contra el temporal.

Un buen navegante simplemente lucha por mantener su barco a flote, por cabalgar sobre las olas en un arrebato furioso de pavor y exaltación, en un intento desesperado por seguir el rumbo y alcanzar el puerto con el que había soñado al zarpar.

Un destino... un rumbo...

¿Acaso alguna vez te marcaste un rumbo? ¿Acaso alguna vez te entregaste a las mareas de tu corazón para preguntarte qué querías hacer con tu vida?

No tiene sentido afrontar un temporal si no existe un destino por el cual luchar. En tal caso es mejor no salir del puerto, y guardar las velas para vientos mejores que no las hagan gemir ni las desgarren.

Pero si decides empuñar el timón con un rumbo marcado, con la firme intención de tu corazón de llegar a la legendaria isla de las manzanas, entonces tu nave se hallará dispuesta a afrontar galernas y temporales, sin importar el crujido de las cuadernas, y con la confianza de que el restallido de las velas soportará la violencia del viento...

¿Has pensado qué quieres hacer con tu vida?

No... no me digas que es tarde para eso...
Nunca es tarde para darle un rumbo a tu navío.

¿Qué quieres hacer con tu vida?

El Viento

–¿Qué quieres hacer con tu vida? ¿A qué vas a dedicar los años que la Vida tenga a bien ofrecerte? –susurró el Viento en los oídos a Amadán.

–No sé... –le respondió en voz alta–. No entiendo a qué te refieres.

–Eres joven –le respondió con una tenue brisa–, y tienes una vida entera para adornar de sueños y esperanzas...

–Sí, eso ya lo sé.

Amadán bajó la cabeza, mirándose las puntas de los pies mientras recorría el sendero. Sí, tenía toda una vida por delante, toda una vida para llenar de ilusiones y sensaciones, toda una vida que descubrir...

El Viento guardó silencio por un momento sobre las aguas tranquilas del lago, como meditando sus palabras. Luego, con un gracioso remolino, continuó:

–La vida es como una inmensa bolsa de energía, una gigantesca esfera de luz de donde irás sacando fuerza a lo largo de tus días para volcarla en tus proyectos, en tus ilusiones y aspiraciones. Y sería bueno que supieras desde un principio en qué vas a emplear toda esa energía, no sea que dilapides tu riqueza en ilusiones vanas y cambiantes, y te encuentres con la bolsa casi vacía cuando al fin te decidas a hacer algo por lo que valga la pena vivir.

Amadán frunció el entrecejo. No se le había ocurrido pensar en eso. Y sin embargo lo que le decía su amigo el Viento tenía sentido.

Levantó la mirada, como buscando una respuesta entre las hojas afiladas de los pinos. El Viento refrescó su frente con un soplo suave y prolongado.

–No sé –dijo al fin Amadán–. ¿En qué emplearías tú toda esa energía, toda esa luz que dices que es la vida?

El Viento se balanceó divertido en la rama de un enebro.

–Desde luego la emplearía en algo que valiera la pena, en algo de lo que no me arrepintiera con el paso de los años...

–¿Algo como qué...? –interrumpió el joven.

–Eso lo tiene que decir tu propio corazón, no yo –le dijo el Viento en el rumor de las hojas–. Pero podría darte alguna sugerencia, aunque siento que iría en contra de lo que la Vida desea de ti y de mí.

Más bien creo que debe de ser tu propio corazón quien decida cuál es el sendero que quiere recorrer. Sí. También eso tenía sentido. No cabía duda de que su amigo el Viento sabía lo que decía.

Amadán se sumergió en sus pensamientos. «¿Qué voy a hacer con mi vida? ¿A qué dedicaré los años y la energía de toda una vida? ¿En qué me emplearé, que realmente valga la pena?». Durante varias horas meditó en ello, deambulando por las orillas del lago, sentándose a contemplar las verdes aguas del otoño, haciendo danzar piedras sobre su superficie de cuando en cuando. Y mientras tanto, su amigo el Viento guardaba silencio a su lado.

Un rumor lejano delató la simultánea presencia de su amigo en las gargantas rocosas, llamando su atención sobre las laderas escarpadas por entre las cuales el río alcanzaba las anchuras del lago. Recordó entonces la inmensa columna de humo que había visto elevarse por encima de las montañas, y las llamas de aquel pavoroso incendio que había asolado los bosques de la comarca pocos meses atrás. Revivió el dolor que había sentido al pensar en la agonía de tantos miles de árboles y de animales, sacrificados sólo para beneficio económico de quienes habían decidido enriquecerse a costa de la muerte.

En su mente se agolparon también las imágenes

que había visto en las noticias pocos días antes: niños de vientres hinchados que morían de hambre en uno de aquellos países de nombres tan extraños, con los rostros llenos de moscas y unas voluminosas cabezas que casi no podían ni sostener. Ellos también eran víctimas inocentes de los señores y los comerciantes de la guerra de todo el planeta.

No resultaba agradable recordar todo esto en medio de la paz del lago. Con cierto nerviosismo se levantó de un salto y echó a caminar hacia la gran roca, una voluminosa peña que desde un promontorio cercano dominaba el paisaje.

A Amadán se le humedecieron los ojos.

–¿Qué te sucede? –le preguntó el Viento mientras acariciaba su piel.

–No... nada... estaba recordando algunas cosas...

–Cosas tristes por lo que veo.

–Sí. Muy tristes.

Amadán trepó a la gran roca, y con un profundo suspiro intentó llevar a su pecho la quietud del paisaje que le rodeaba. El sol coronaba las montañas de la orilla opuesta, anunciando con tonos dorados la inminente llegada del ocaso.

–Ya sé a qué voy a dedicar los años de mi vida –le dijo de pronto en un susurro a su amigo el Viento.

–¿Ya has decidido lo que vas a hacer? –sopló éste dulcemente.

–Sí.

Silencio.

—¿Sabes? —continuó Amadán mientras una lágrima surcaba su mejilla—. No me gusta este mundo. No me gusta lo que veo a mi alrededor...

—¿Acaso has dejado de percibir la belleza que te rodea?

—No, Viento. Todo este mundo... la naturaleza... es algo maravilloso. Nunca he dejado de percibir su belleza, su armonía y su perfección. A lo que me refiero es al mundo de los hombres. A la avaricia que les hace devastar cuanto les rodea. A la estupidez que les lleva a destruir sin reparos lo que con tanto esfuerzo se construyó. Al odio que les hace matar, o a la falta de misericordia que les hace dejar que mueran inocentes...

—Ciertamente, en vuestro mundo hay cosas que no resultan agradables —coincidió el Viento.

—Y tampoco parecen haber suficientes personas dispuestas a hacer algo para que las cosas cambien. Muchos dicen que las cosas siempre fueron así y que no cambiarán. Otros, aseguran que también ellos querrían que las cosas fueran diferentes pero que nada pueden hacer...

—Sí. Los seres humanos sois sumamente hábiles a la hora de buscaros excusas para no comprometeros —reflexionó el Viento con un tono amargo.

El joven dejó ir de nuevo su mirada hacia las montañas distantes. El otoño salpicaba las laderas de tonos rojos, amarillos, ocres y marrones, que con el latido perpetuo del verde de los pinos anunciaba en la distancia que la vida seguía su camino.

Súbitamente, el Viento rodeó la peña sobre la que se encontraba Amadán, levantando a su paso hojas secas de todos los colores.

–Y entonces, ¿qué vas a hacer? –preguntó por fin.

El muchacho miró al cielo.

–Creo que... –vaciló– Creo que voy a dedicar mi vida a intentar cambiar este mundo. Siento que de eso no me llegaría a arrepentir, por muchos años que pasaran. Me parece que es algo en lo que verdaderamente vale la pena emplear toda la energía de una vida. ¿No lo crees tu así, amigo?

–No esperaba menos de tí –le dijo el Viento elevándose por encima de su cabeza.

–Creo que es lo mejor que puedo hacer –se reafirmó a sí mismo el muchacho–: emplear toda esa maravillosa energía para el bien de todos los seres que habitamos este planeta... Sin embargo –se detuvo a pensar unos instantes–, lo que no sé es cómo una sola persona puede cambiar todo un mundo.

Y después de una pausa continuó:

–Por muy grande que sea la bolsa de energía de una vida entera, por muy grande que sea la esfera de luz de una persona, no deja de ser algo demasiado pequeño para que un mundo tan grande y fuerte llegue a moverse siquiera un ápice.

–Pero lo importante es que ya sabes qué quieres hacer con tu vida –dijo con alegría el Viento haciendo remolinos a su alrededor–. ¡Ya tienes un rumbo! ¡Ya tienes un destino!

Y soplando con insistencia sobre la cabeza de Amadán, concluyó con rotundidad:

–Ahora tienes que aprender cómo se hace.

–Pero, ¿realmente se puede hacer? ¿Es posible que una sola persona pueda hacer un mundo nuevo?

La sonrisa del Viento rizó las aguas del lago de un extremo a otro.

–No hay nada imposible para un corazón lleno de amor... No lo olvides: ¡NADA!

Y como si contuviera la respiración, la brisa se detuvo de golpe por unos instantes.

–Aunque... –dijo el Viento tras reflexionar–, ... quizás te vendría bien pedir consejo a algunos de los grandes seres que habitan en el lago.

–¿A qué te refieres?

–A otros amigos que después de milenios de existencia han alcanzado una profunda sabiduría.

Y como hablando para sí, agregó:

–Si puedes hablar conmigo, también podrás hablar con ellos. Por lo pronto, podrías ir a pedirle consejo al Águila. Estoy seguro de que te dará algunas sugerencias valiosas.

Y con una brisa cálida y tenue enjugó las lágrimas de Amadán.

El Águila

El alba se había detenido en sus primeras luces para contemplar los ágiles movimientos de Amadán por las gargantas del río. Bordeando cascadas y pozas, saltando por entre las rocas, descolgándose por entre las ramas de pinos, chopos, arces y robles, fue ascendiendo corriente arriba hasta llegar a los imponentes farallones rocosos de piel naranja que elevaban su orgullo al oriente por encima de las aguas profundas del río.

Por entre los huecos de aquella enorme pared de fantásticas y fabulosas formas estuvo oteando desde un saliente elevado, al amparo de la claridad del inminente amanecer. En alguno de aquellos huecos debía de encontrarse el nido que, según le había dicho el Viento, había construído el Águila para afirmar su soberanía entre las aves.

Súbitamente, un rumor intenso de aire le erizó la

piel de la nuca y, con el sobresalto, a punto estuvo de caer desde su lugar de vigilancia.

–Siento haberte asustado –oyó que una voz le decía desde detrás.

Aferrándose a unas matas de romero recuperó el equilibrio, y ya seguro en su posición se volvió con la intención de descubrir quién había sido el que le había dado tan inesperado sobresalto. Una mirada penetrante, las más sobrecogedora que hubiera contemplado jamás, se encontró con sus ojos.

–Supongo que me estabas buscando... –le dijo una enorme águila mientras acomodaba sus grandes alas en los flancos de su cuerpo.

–¡Oh, sí... sí! –titubeó Amadán, sin reponerse aún del sobresalto y la posterior sorpresa.

–Siento haberte asustado –insistió el Águila–. Estoy tan acostumbrado a ser sigiloso cuando de cazar se trata, que olvido hacer un poco más de ruido cuando me acerco con fines amistosos.

–Bueno... no te preocupes... –acertó a hablar por fin el muchacho–. Quizás... quizás yo debería de haber estado... un poco más atento.

La profundidad de la mirada del Águila cautivó a Amadán. Estaba fascinado con la magnífica visión que tenía ante él, petrificado entre las pétreas murallas rocosas de la garganta. Nunca había visto tan de cerca a un águila, y menos aún a un águila de semejante tamaño.

–¿Y bien...? –carraspeó ésta mientras afianzaba sus patas en la roca.

–¡Oh... perdona! –exclamó el joven saliendo de su fascinación–. Me llamo Amadán...

–Sé bien quién eres –le interrumpió el Águila–. Te he visto muchas veces recorriendo las orillas del lago y los bosques rumorosos de las riberas. ¿Qué deseas de mí?

–He venido en busca de consejo –respondió el muchacho–. Mi amigo el Viento me dijo que quizás tú me podrías ayudar.

–¡«Nuestro»! «Nuestro» amigo común el Viento –le rectificó el Águila–. Sin él yo no sería más que un pájaro pesado que perdería la mitad de su vida en el esfuerzo de aletear hasta las alturas desde donde domino los horizontes.

«Si él no me dejara aprovechar sus corrientes de aire, el continuo batir de mis alas arruinaría la sorpresa de mis ataques, y terminaría por morir de cansancio y de hambre.»

A Amadán le resultó sorprendente la declaración del Águila. A lo largo de los años había visto a las águilas cazar en multitud de ocasiones, y las había visto elevarse silenciosamente en el cielo, pero no se le había ocurrido pensar qué sería de ellas sin la ayuda del Viento.

–Al fin y al cabo, todo colabora con todo en la vida –se dijo para sí en voz muy baja.

–Perdona –intervino el Águila–. He dicho algo que te haya confundido...

–No... no... sólo es que no me había planteado nunca hasta qué punto... –Amadán dudó–; en fin... no es nada.

El Águila le invitó con su silencio a que expusiera las razones que le habían llevado allí.

–Águila, he venido en busca de tu consejo porque ayer nuestro amigo el Viento me hizo ver que sería bueno darle un objetivo a mi vida. Después de meditarlo durante gran parte de la tarde –prosiguió más tranquilo–, llegué a la conclusión de que el dedicar mi vida a intentar hacer un mundo mejor sería algo por lo que valdría la pena emplear todas mis fuerzas, toda mi energía durante los años que la Vida tenga a bien darme.

–Tu conclusión no sólo me parece razonable sino que además es digna de todo elogio –le dijo el ave.

Amadán esbozó una ligera sonrisa que, inmediatamente, borró mientras bajaba la mirada.

–Pero me asaltaron las dudas cuando me di cuenta de que una sola persona bien poco podía hacer, y que el mundo de los hombres es demasiado complicado, fuerte y pesado para que uno solo pueda hacerlo cambiar siquiera un poco.

El Águila volteó la cabeza con atención mientras el muchacho, mirándose las manos, se detenía un instante antes de proseguir con sus explicaciones.

–El Viento me dijo que no hay nada imposible para un corazón lleno de amor. Pero cuando le insistí con mis preguntas sobre la manera en que una sola persona puede hacer un mundo nuevo, me dijo que podría ser conveniente que hablara contigo. Ésta es la razón por la que he venido a verte. Espero que tú me puedas dar alguna sugerencia, alguna idea que arroje un poco de luz en mi mente confusa.

Amadán calló a la espera de las palabras del Águila y, durante unos instantes que al muchacho le parecieron eternos, tan sólo hablaron las miradas, cruzándose raudas entre las especies, de vida a vida, de alma a alma, extrañas entre sí y, a la vez, hermanas en el Aliento de la Vida.

–¿Para qué quieres hacer un mundo nuevo?

La pregunta del Águila le resultó totalmente inesperada.

–Cómo que... esto... bueno... yo...

–Supongo que lo primero que se tiene que preguntar uno es para qué va a hacer algo, ¿no? –volvió a intervenir el Águila–; si es que... lo va a hacer.

–Esto... sí, claro –convino Amadán un tanto confuso.

–Entonces, ¿para qué quieres cambiar el mundo de los hombres?

Amadán se quedó mudo. Aquella pregunta era

verdaderamente difícil de contestar. De alguna manera resultaba evidente que los hombres debían que cambiar, y el Águila tenía que ser perfectamente consciente de ello por cuanto los hombres estaban acabando poco a poco con su especie. Pero al mismo tiempo, el muchacho sentía que no había una respuesta posible y sensata para aquella pregunta.

–¿Para qué quieres cambiar el mundo de los hombres? –insistió el Águila apuntándole con el pico.

El joven bajó la cabeza.

–No lo sé. Sólo sé que algo en mi corazón me dice que debería intentarlo –dijo por fin en voz baja.

El Águila echó hacia atrás la cabeza y le miró de soslayo.

–Entonces está bien –dijo con suavidad–. Las razones no te las dicta la cabeza, sino el corazón. Está bien. Está bien –repitió para sí.

Amadán levantó de nuevo la mirada mostrando una ligera sonrisa.

–Es cierto que no existe nada imposible para un corazón lleno de amor –le dijo el Águila retomando lo que el muchacho le había contado sobre las palabras del Viento y, con una mirada tan profunda que a Amadán se le erizó la nuca, agregó– y no es menos cierto que sin amor jamás podrías hacer un mundo nuevo.

Amadán movió la cabeza con extrañeza, y el

Águila pareció sonreir con una extraña contracción de su cara.

– Dispones de la energía de toda una vida para situarla en el objetivo que te propongas –prosiguió el Águila con lentitud–, pero en la mezcla tiene que haber una importante dosis de amor para que la energía cristalice y se endurezca. De lo contrario, con el tiempo, sean meses o años, lo que hagas terminará por disolverse.

–¿Disolverse?

–Sí.

–No comprendo.

–La única cosa en el Universo que la guadaña del tiempo respeta es el amor. El amor mantiene la cohesión de todo cuanto existe. Y cuando no hay amor todo se disgrega y se divide, se dispersa y se disuelve...

Amadán afirmó con la cabeza. Era sorprendente lo que podía llegar a saber el Águila.

–Cuando piensas en las águilas, ¿cuál es la imagen que más te viene a la cabeza? –preguntó con un súbito interés aquel magnífico pájaro.

–La de su vuelo majestuoso por el cielo –respondió Amadán sin vacilar.

–¿Te das cuenta? Mi vuelo es lo que permanece.

Amadán hizo un gesto de incomprensión.

–Es mi vuelo lo que permanece –le repitió el Águila–, no el instante de la caza o aquel otro en el que despedazo a mi presa para mi sustento y el de mis crías. Ésto lo hago por necesidad y no por amor. Sin embargo, el vuelo, lo que de mi ser permanece en ti por encima de todo, es aquello que amo por encima de todo.

«Nací para volar, para elevarme hasta los confines del cielo, para descender desde las alturas en una aterradora caída y remontarme nuevamente con las brisas cálidas del suelo, guardando el equilibrio de los mundos, Cielo y Tierra; abriendo el pecho a todos los vientos, extendiendo las alas para abrazar el aire invisible, rozando con las puntas de mis plumas los riscos escarpados y las copas de los árboles, fundiéndome en el cielo azul bajo el sol de la mañana...»

–Ese es mi amor. Y es mi amor lo que permanece en el mundo que me rodea –concluyó por último el Águila.

Durante unos instantes Amadán quedó pensativo, intentando enlazar lo que le acababa de decir el Águila con aquello que le había traído hasta allí.

–Entonces, ¿sólo si hago las cosas con amor podré cambiar este mundo? –concluyó reflexivo.

El Águila pareció sonreír de nuevo.

–No sé si podrás cambiar este mundo o no, si tendrás el suficiente amor o se te dará la ocasión de pulsar los resortes de la Vida. Sólo sé que sin amor jamás lo conseguirás.

El muchacho bajó la cabeza mientras reflexionaba.

—¡Entonces el amor es la clave de todo! —se repitió en voz baja para sí—. ¿Y tú crees que tendré amor suficiente como para dedicar mi vida a lo que deseo? —continuó súbitamente encarándose a la gran ave.

—¿Qué es lo que llevó a tu corazón a tomar esa decisión? —preguntó a su vez el Águila.

El semblante de Amadán se ensombreció.

—Bueno... fue el recuerdo de algunas cosas que he visto.

—¿Qué cosas?

—Las cosas... las cosas que suceden a causa de la avaricia, el odio, la estupidez y la insensibilidad del hombre... El dolor, la destrucción... el hambre... la muerte de inocentes...

—Veo que te impulsó la compasión —le interrumpió suavemente el Águila—. Y la compasión es hija del amor.

Y afirmando con la cabeza, agregó:

—Posiblemente dispondrás de suficiente amor para dedicar tu vida a cambiar el mundo.

En el rostro de Amadán apareció una sonrisa de esperanza, y la claridad del sol se reflejó de pronto en sus ojos negros cuando levantó la cabeza.

Los sonidos de la mañana comenzaban a cubrirles con la animación del nuevo día. Todo un mundo se despabilaba restregándose los ojos ante la nueva luz. El Águila abrió sus enormes alas, como desperezándose, estiró el cuello y miró detenidamente hacia las nubes que, solitarias y aburridas, se esparcían aquí y allí por el cielo.

—Yo sólo puedo hablarte de lo que sé —dijo de improviso sin dejar de mirar las nubes—. Y por lo que puedo saber, si quieres crear un nuevo mundo tendrás que hacerlo día a día, en tu vida cotidiana. De la misma manera que yo tengo que buscar la perfección en mi vuelo día a día, sin descanso, sin permitirme un sólo momento para volar como un ganso.

El Águila se contrajo varias veces rítmicamente, como si estuviera riendo, luego bajó la cabeza y volvió a fijar sus ojos en Amadán con aquella mirada que le erizaba la piel.

—Tendrás que aprender a ser impecable en tu vida, puliéndote poco a poco hasta hacer de ti mismo una persona de ese nuevo mundo.

El muchacho sintió que lo que acababa de decirle el Águila era muy importante.

Tendría que aprender a ser impecable día a día..., aunque no terminaba de entender qué era eso de ser impecable.

—Un mundo nuevo se tiene que componer de personas nuevas, con otra manera de ser, de estar, de pensar, de sentir, de actuar... —continuó el Águila—. Y eso hay que hacerlo día a día, momento a momento. Hay que ser impecable –y más lentamente–. Hay que ser impecable.

–Perdona, Águila –interrumpio su discurso Amadán–, pero... ¿cómo sabré cuándo soy «impecable»?

–No hay nada que saber. En la misma palabra está su misterio, y es el corazón el que te irá diciendo cuándo eres impecable y cuándo no.

–Si, pero ¿cómo distinguiré que es el corazón el que me dice cuándo soy impecable y cuándo no? Yo necesito algo más...

Amadán se detuvo en seco. El Águila había acercado su cabeza hasta la de él observándole con una mirada que helaba la sangre. Y con una voz ronca le dijo al fin:

–Los humanos pensáis demasiado.

Y recuperando su posición prosiguió:

–Las cosas del corazón se saben o no se saben. No hay formas, ni sistemas, ni técnicas, ni modos... Está la certeza o no está. No hay nada más. Los seres humanos pretendéis controlarlo todo con vuestra cabeza y no os dais cuenta de cuánta eficacia perdéis al hacerlo así.

Si yo tuviera que controlar conscientemente los movimientos de plumas tan precisos que tengo que hacer para dirigir mi vuelo acabaría estrellándome contra esos farallones día sí día no, o convertido en un revoltijo de plumas entre las aliagas y los romeros cada tres horas. No me pregunto cómo tengo que volar, simplemente *siento* lo que tengo que hacer con mi cuerpo y con mis plumas y lo hago. Nada más.

El Águila calló y, al contemplar la expresión que su discurso había dejado en el rostro de Amadán, no pudo contener la risa.

–Simplemente, quédate con esto –le dijo en medio de un graznido–: sé impecable día a día.

Y luego, alargando una de sus alas para tocar con el extremo de sus plumas el hombro del muchacho, agregó:

–De todas formas, si necesitas que alguien te dé algunas explicaciones más para que todo esto te resulte más comprensible, te sugiero que vayas a hablar con el Gran Roble de la umbría. Él es un estupendo filósofo y un buen conversador.

«Con él acostumbro a charlar todas las tardes, poco antes de la puesta del sol. Yo me poso en sus ramas más altas y dialogamos hasta que la noche nos cubre con el rocío de sus estrellas. Él te puede dar algunas sugerencias más. Y sabe lo que es mantenerse firme e impecable a lo largo de los siglos, frente a tormentas y vendavales, frente a incendios y plagas.»

Y sin siquiera decir adiós se lanzó al vacío por encima de la cabeza de Amadán, diciéndole mientras se alejaba:

–Pero date prisa en hablar con el Roble, porque dentro de pocos días el sueño del invierno inundará su alma y ya no podrás conversar con él hasta la próxima primavera.

Y sin batir las alas buscó una corriente de aire cálido que la elevará hasta los confines del cielo.

El Roble

Era inmenso. Como un coloso adormecido por el perfume del espliego, el enorme tronco parecía surgir del suelo como la columna de una inmensa catedral natural desaparecida en algún remoto pasado; inabarcable, su mole rugosa se abría a varios metros del suelo en cinco grandes troncos, cada uno tan grueso como un árbol adulto, y sus ramas más altas se perdían en la lejanía de su impresionante altura. Por allí debería de andar la atalaya desde la cual el Águila veía la puesta del sol cada tarde.

Amadán no había perdido el tiempo. A poco de regresar de su recorrido por las agrestes gargantas del río se había dirigido hasta la umbría para buscar el consejo del gran árbol. Una vez allí, y después de pedirle permiso para entrar en las inmediaciones de su aura vital, el muchacho le expuso los motivos que le llevaban en busca de su ayuda, así como los detalles de las conversaciones mantenidas con el Viento y con el Águila.

–De modo que quieres cambiar el mundo... –dijo el Roble como hablando para sí mismo.

–Sí, eso es –corroboró Amadán.

–Pero no sabes cómo llevar a término una empresa tan grande y difícil, ¿no?

–Así es.

–Mmmm...

El gran árbol pareció reflexionar desde la quietud de las pocas hojas que aún le quedaban tras el avance del otoño. A sus pies, un grueso manto jaspeado de amarillos, ocres y marrones invitaba al joven a tenderse con toda la longitud de su cuerpo.

–¿Y qué clase de cambios te gustaría que se dieran? –le dijo por fin con una voz tremendamente grave pero cargada de bondad.

A Amadán no se le había ocurrido pensar en eso.

–Bueno... pues... supongo que... los cambios lógicos... tal como están las cosas...

–¿Y qué es lo lógico para ti? –insistió el Roble.

–Pues... me gustaría... me gustaría que los hombres no asolaran el planeta por la avidez que tienen de riqueza...

–Es comprensible –convino el Roble.

–...que los inocentes y los débiles no se se vieran sometidos a las injusticias con que los fuertes los sojuzgan...

–Correcto.

–...que no muriera la gente de hambre debido a la estupidez y a la avaricia de muchos...

–Mmmm...

–...que no hubieran más guerras...

Amadán detuvo su enumeración como si de pronto hubiera tomado consciencia de algo.

–Sí –dijo–, posiblemente esto sería lo primero y más importante: que los hombres dejaran de matarse unos a otros.

–Es decir, que te gustaría antes de nada hacer un mundo en paz –afirmo el Roble buscando la confirmación del muchacho.

–Sí. Creo que eso sería lo primero.

–¿Y cómo crees que se puede instaurar la paz en el planeta?

–Pues... no sé... Ésta es una de las razones por las que estoy buscando tu ayuda, Roble.

Aquello pareció provocar en el árbol un estremecimiento de simpatía por el muchacho, que vio cómo de una rama cercana se desprendía una hoja amarilla para luego descender hasta él entre piruetas y remolinos.

–Para que haya paz en el mundo primero tiene que hacerse la paz en los corazones de los hombres –oyó Amadán la voz profunda y sosegada del Roble.

–¡¿En los corazones de los hombres?! –exclamó

el joven–. ¿No sería mejor que primero dejaran las armas?

–No serviría de nada –respondió el árbol–. Las volverían a tomar al día siguiente.

–Entonces...

–Primero tiene que hacerse la paz en los corazones de los hombres –repitió–. Porque la causa de la guerra y de la violencia entre vosotros los seres humanos está en la guerra y la violencia desatadas dentro de vuestro pecho.

–No entiendo lo que intentas decirme, Roble.

–Es sencillo –prosiguió el Roble con una inmensa calma–. Sólo se puede encender fuego con algo que lleve en sí la semilla del fuego. Si en el corazón humano hubiera paz, habría paz también en el mundo de los hombres, porque no habría nada capaz de encender la guerra.

Pareció que Amadán comenzaba a comprender.

–Las cosas no van de fuera a dentro, sino de dentro a fuera –recalcó el Roble.

El muchacho guardó silencio durante unos instantes anudando ideas y conceptos. Al cabo de un rato, que al Roble se le antojó muy breve, el joven preguntó:

–Si esto es así, Roble. ¿En qué consiste la guerra que afirmas existe en los corazones de los hombres?

–Es la guerra que se desata a causa de los deseos desmedidos.

–¿Cómo es eso? –insistió Amadán.

Y el árbol respondió con mayor lentitud de lo que hubiera deseado el impaciente muchacho:

–Los hombres os pasáis la vida deseando cosas. Nada os deja nunca satisfechos. Todo os parece poco. Y eso hace que os paséis el tiempo persiguiendo todo lo que no tenéis y pensáis que deberíais de tener. Es esa insatisfacción básica la que os amarga la existencia; la que os hace ser grandes, porque os lleva a la conquista y al esfuerzo, pero también la que os hace tremendamente desgraciados, ya que nunca conseguís hallar la paz.

–Pero si no tuvieramos deseos no habríamos podido evolucionar, posiblemente incluso la especie humana se habría extinguido –protestó Amadán.

–No he dicho que el problema esté en los deseos, muchacho, sino en los deseos desmedidos.

Amadán abrió los ojos con evidentes muestras de perplejidad, y el Roble relentizó sus pensamientos aún más si cabe. El profundo letargo del ya cercano invierno se iba transmitiendo por su savia desde hacía algo más de un mes.

–Lo que necesitáis desarrollar –continuó el árbol con lentitud–es el equilibrio y la armonía internos, en definitiva, la paz interior. Se puede desear algo, pero sin convertirlo en una cuestión crucial para la felicidad de uno. Hay que aprender a desear las cosas como si no se desearan.

–¿Cómo? –exclamó Amadán con un gesto que dejaba bien a las claras que comenzaba a dudar de la sabiduría que el Águila le atribuía al Roble.

El árbol guardó silencio unos instantes, y por la profunda quietud de la atmósfera que le rodeaba el joven pudo intuir que aquel gran ser estaba meditando sus palabras.

–Veamos cómo te lo puedo explicar –le oyó decir al fin–. Los seres humanos tenéis que aprender a desear las cosas desde una profunda serenidad; una serenidad nacida de la inconmovible convicción de que en realidad vais a seguir siendo felices sean como sean las cosas, ocurra lo que ocurra. Sólo así vuestros deseos no serán destructivos y no os llevarán a desatar la guerra dentro de vuestros corazones.

El muchacho comenzaba a vislumbrar algo de lo que parecía intentar explicar el Roble.

–Por lo que estás diciendo, incluso mi deseo de construir un mundo mejor... ¡¿puede ser un motivo para la guerra?!

–Mmmm... –murmuró el Roble como afirmando–. Por paradójico que te parezca, así es. No sería la primera vez en la historia de los hombres que los buenos deseos de unos pocos han terminado en un baño de sangre.

–¡¿Y para que no ocurra eso, yo tengo que desear ese nuevo mundo como si no lo deseara...?!

–Sí. Sin dejarse desbordar por la pasión. Desde

una actitud serena, desde el convencimiento de que tu felicidad no depende de ello.

–¿Y cómo se puede conseguir esa serenidad de la que hablas y esa certeza de que vamos a seguir siendo felices sean como sean las cosas? –le preguntó con la sincera intención de comprender sus ideas.

El Roble tardó un buen rato en responder, como intentando asegurarse de que Amadán iba a escuchar con atención sus palabras.

–Eso lo conseguirás cuando cruces el Arco Iris –dijo súbitamente al fin.

–¡¿Cuando qué?! –exclamó Amadán, que necesitaba escuchar de nuevo lo que había oído a la perfección.

–Cuando cruces el Arco Iris –respondió pacientemente el Roble.

–¿Qué quieres decir con eso de cruzar el Arco Iris?

–Es ver las cosas desde el otro lado, desde más allá del Arco Iris.

–¿Te refieres al Arco Iris ese de los colores, el que se puede ver en el cielo después de la tormenta?

–Sí. Me refiero a ese.

–Pero... ¿pero cómo se puede ir más allá del Arco Iris? Por mucho que uno intente acercarse a él jamás conseguirá acortar ni un solo paso la distancia que le separa de sus colores.

Una fina lluvia de hojas amarillas cayó sobre Amadán, cosa que intuitivamente interpretó como un gesto cordial del gigantesco árbol.

–Hay una manera de ir más allá del Arco Iris –oyó decir a éste con una voz que parecía desvelar una profunda simpatía.

–¿Cuál?

–No existe forma de explicarlo. La tienes que descubrir tú mismo, dentro de ti.

Un gesto de decepción cruzó el rostro de Amadán. Toda esta historia parecía un enorme acertijo y por momentos dudaba si no se estaría metiendo en terreno resbaladizo.

Confuso con tantas ideas y pensamientos imposibles, optó por abandonarse durante unas horas a la contemplación del paisaje que, desde los pies del Gran Roble, se extendía por una de las zonas más hermosas del lago. Pensó que, quizás dejando a un lado todo este tema durante un buen rato, conseguiría despejar su mente lo suficiente como para entender algo de lo que estaba pasando.

La luz de la tarde se filtraba por entre las laderas de las montañas recortándolas contra el cielo y dándoles la apariencia de descomunales dragones. Los rayos del sol se miraban en el espejo del lago, adoptando la forma de deslumbrantes gusanos de luz que ahora danzaban al compás del rítmico movimiento de la superficie del agua.

–Mmmm... mmmm... mmmm...

Amadán abrió los ojos estupefacto.

–Mmmm... mmmm... mmmm...

El viejo Roble estaba tarareando una antigua melodía que alguna vez él había escuchado a sus mayores.

–No sabía que los robles cantaban –dijo Amadán volviéndose de nuevo hacia el árbol.

–¡Oh, sí! –respondió éste con una voz profunda después de interrumpir su canto–. Los robles cantamos para dormirnos cuando el invierno está muy cerca.

Y continuó con su melodía.

–Mmmm... mmmm... mmmm...

–El caso es que tu canción me suena... –volvió a interrumpirle el muchacho.

–Sí, claro –le respondió el Roble–. Es una vieja canción de los robles, la que cantamos cuando llegan estos momentos del año. Probablemente, algún antepasado tuyo fue capaz de entender el lenguaje de los árboles y de los animales.

Y retomó los sones de su melodía.

Amadán no supo qué le ocurrió. Aquella canción... la serenidad y la sencillez del gigantesco y antiquísimo árbol... la luz del sol en el atardecer...

Se levantó y se aproximó hasta el inabarcable tronco del Roble y, sin mediar palabras, abrió los brazos y lo abrazó hasta donde la longitud de sus extremidades se lo permitía. Luego, pegó su mejilla al tronco y cerró los ojos.

El Roble dejó de cantar. Se hizo un silencio denso y cerrado en el bosque.

Una profunda paz invadió el corazón de Amadán, y algo dentro de él le dijo que jamás había sentido una paz así. Perdió la sensación de su cuerpo. El viejo Roble y él eran uno... Uno... en la paz... en una paz inenarrable... en una...

–Mmmm... mmmm... mmmm...

Fue como si despertara de un profundo sueño. Amadán supuso que debían de haber pasado muchas horas. Posiblemente sería noche cerrada.

Abrió los ojos y se sorprendió al ver que la luz de la tarde seguía siendo la misma que cuando se abrazó al Roble.

Se separó lentamente del tronco, dio unos pasos hacia atrás y, muy suavemente, dijo:

–Roble, ¿cuánto tiempo he estado abrazado a tu tronco?

El Roble detuvo de nuevo su melodía.

–Sólo unos instantes –fue la respuesta.

–Me ha parecido una eternidad –murmuró Amadán mientras se pasaba la mano por la frente.

Se escuchó algo parecido a una risa ligera.

–En el reino de la paz no existe el tiempo –dijo en un murmullo el árbol.

«En el reino de la paz no existe el tiempo», repitió una voz en el interior del muchacho.

–Roble, ¿de dónde viene tu paz? –preguntó esta vez el joven con un nudo en la garganta.

Silencio.

–Mi paz viene de la ausencia absoluta de deseos –oyó por fin su voz en el bosque.

–Jamás pensé...

Amadán no encontraba palabras que pudieran expresar lo que había sentido.

–Los árboles, por no desear, ni siquiera deseamos movernos –continuó el Roble–. Nos basta con la vida que sentimos dentro y fuera de nosotros, con el rumor del bosque, con el murmullo de los pájaros a los que damos cobijo, con las cosquillas de las ardillas sobre nuestra piel de madera, con la caricia del viento y del sol, con el baño plácido de la lluvia... La Vida nos lo da todo, todo lo que podemos desear y necesitar. Para qué perder la paz con necesidades ficticias, con quimeras y espejismos...

«A mí me basta con contemplar el lago. Mes tras mes, estación tras estación, año tras año, siglo tras siglo... el lago siempre está ahí, hablándome de todos los que nos asomamos en su espejo resplandeciente. Montañas, bosques, nubes, estrellas, soles y lunas, todos pasan por el gran escenario de su superficie... a todos contemplo... en todos pongo mi gozo...

«Desde este mismo lugar, a lo largo de los siglos, lo he contemplado todo. Y como podrás comprender muchacho, no puedo desear nada más.

Y muy, muy lentamente, desde algún lugar del mundo de sus sueños, el joven aún le oyó decir:

–De ahí proviene mi paz, Amadán. De ahí proviene...

Y luego sólo un susurro con el ritmo de una antigua melodía.

–Mmmm... mmmm... mmmm...

Todo era silencio en el alma de Amadán.

–Hasta la próxima primavera, viejo Roble –dijo en un murmullo, por no turbar el sueño del gigante.

El Lago

Varios días pasaron, y la profunda paz sentida junto al Gran Roble anduvo de la mano de Amadán durante aquel tiempo. El silencio de su alma se extendió hasta sus labios, y un velo de quietud cubrió sus ojos en los prolongados paseos por las orillas del lago. En muy pocos días algo muy íntimo y profundo había cambiado en él, o quizás habría que decir que algo nuevo había nacido en él, en la parte más recóndita de su corazón.

Sentado a la orilla del lago dejaba ir su espíritu sobre las aguas, sin pensar en nada, simplemente dejándose ser, permitiéndose estar vivo, sin más, sin otra preocupación que la de comer cuando llegaba el hambre y dormir cuando llegaba el sueño. Más de una tarde se quedó dormido sobre una roca en la ribera, acunado por el sol del mediodía, arrullado por el canto de los pájaros.

Llegó el invierno, y uno de aquellos días entre tantos, Amadán se animó a conversar con el lago. Durante varias horas le estuvo contando sus cosas: retazos de su vida, temores, anhelos... pero el lago no contestaba. O al menos no contestaba como lo habían hecho el Viento, el Águila y el Roble. Le habló también de su decisión, de su dedicación de pocas semanas atrás –¡qué lejano le parecía ahora aquel día!– y de sus conversaciones con sus amigos de la Naturaleza. Pero el lago seguía sin contestar. Al final optó por volver al silencio y dejarse ser de nuevo, sin más, haciéndole compañía al lago en las mañanas brumosas del invierno.

Por fin, una tarde, después de una mañana tormentosa que había perfumado la atmósfera con los aromas del ozono y de la tierra húmeda, Amadán recibió la respuesta del inmenso ser acuoso.

Fue mientras miraba la superficie tersa del agua desde una roca plana en la orilla. Repentinamente, las ondas desaparecieron y el lago se convirtió en un espejo perfecto que le devolvía su propia imagen con una nitidez nunca antes contemplada.

Se vio a sí mismo mirándose en aquel milagroso espejo hasta que llegó un momento en que su propio reflejo comenzó a resultarle extraño. Fue entonces cuando el lago comenzó a hablar a través de su propia imagen reflejada.

Al principio, aquello le resultó divertido a Amadán. Era como hablar con uno mismo, aunque ciertamente era un «uno mismo» en el que no se acababa de reconocer. Pero, poco a poco se habituó a la peculiar forma de comunicarse que tenía el lago.

El muchacho iba a referirle lo conversado con el Viento, el Águila y el Roble en los últimos días cuando el Lago le interrumpió.

–No. No hace falta que me lo relates de nuevo –le dijo con su mismo timbre de voz–. Te recuerdo que he estado escuchando tus palabras a lo largo de todos estos días.

–¿Y por qué no me contestaste entonces y has tenido que esperar hasta este momento? –le preguntó Amadán con un ligero matiz de descontento.

–Porque hasta hoy no te habías mirado con suficiente atención –respondió el Lago.

–Eso no es cierto –protestó el muchacho–. En muchas ocasiones me miro en tu espejo...

–Sí, pero una cosa es mirar la propia imagen y reconocerse, y otra muy distinta es mirar en verdad al ser que late dentro de esa imagen. Es entonces cuando uno ve su propio cuerpo como el de un extraño, cuando uno *ve* al verdadero morador de esa imagen y de ese cuerpo.

Amadán entendió sin entender. Resultaba curioso cómo ahora, después de su conversación y su experiencia con el Roble, era capaz de comprender sin haber entendido nada de todo lo que sucedía. Era algo parecido a aquello de «desear como si no lo deseara» que le había dicho el viejo árbol, pero aplicado a las cosas de la cabeza.

–Creo que te entiendo –le dijo el muchacho.

–Estoy seguro de que lo has comprendido –le contestó el Lago.

Amadán respiró profundamente antes de continuar con el hilo de la conversación que intentaba mantener.

–Así pues, recordarás que te relaté lo que el Roble me habló de ti, ¿no?

–Así es.

–Bien, pues esa es la razón por la que estoy intentando hablar contigo desde hace varios días –concluyó Amadán.

–Entonces... –le dijo su propia imagen desde el Lago–, estás buscando consejo entre los seres que habitamos estas montañas, ¿no?

–Sí, claro –contestó el muchacho que, con un tono mordaz, agregó–. Creía que me habías estado escuchando durante todos estos días.

Su imagen en el Lago adoptó una actitud seria.

–¿Con quién estás molesto, conmigo o contigo? –le preguntó desde el agua.

Aquello sonó como un aldabonazo dentro de Amadán.

No contestó. Miró su imagen en el agua, que seguía esperando una respuesta; y luego, bajó los ojos.

Sí. Tenía razón el Lago. En los primeros momentos había resultado divertido estar hablando con su propia imagen, pero luego las sensaciones habían empezado a cambiar. Había algo que le intranquilizaba en el hecho de estar hablando de alguna manera consigo mismo, aunque sabía que era el Lago quien le hablaba. No llegaba a razonar por qué, pero no le gustaba aquella sensación de estar hablando consigo mismo.

–Me parece que no te caes bien –le dijo el Lago con un tono irónico.

Amadán iba a protestar pero sus palabras murieron incluso antes de salir de su boca. No podía negar lo que en el fondo sabía que era verdad.

–Es evidente que no te gustas a ti mismo, muchacho –insistió el Lago, pero esta vez sin ningún ánimo jocoso.

Amadán no se atrevía a levantar la mirada. Sentía que le resultaría insoportable encontrarse consigo mismo en una actitud acusadora.

–Por favor, mírame –le pidió el Lago.

–Prefiero no seguir jugando a esto –respondió Amadán derrotado.

–Esto no es un juego, Amadán –le dijo, y volvió a insistir–. Por favor, mírame.

Haciendo un esfuerzo el joven consiguió elevar los ojos hasta encontrarse de nuevo con su propia imagen en las aguas del Lago, pero no se vio a sí mismo como esperaba verse, con un semblante severo y acusador. Al contrario, se encontró con una imagen que le sorprendió, con una mirada llena de amor que le invitaba a seguir adelante con lo que estaba ocurriendo y a escuchar lo que el Lago le tenía que decir.

–No creas que lo que estás viendo ahora es mío –le dijo el Lago con una voz dulce–. Esta mirada que te observa con amor desde el agua es también tuya. Las imágenes que ofrezco son siempre reflejos, sólo reflejos del alma del que se contempla. Cuando siento ternura o amor, reflejo la ternura o el amor de aquel que habla conmigo. Cuando actúo irónicamente o incluso con malicia, lo hago a través de los reflejos del alma de la misma persona que me mira.

«Reflejar es aquello que amo hacer. La reflexión del mundo que me rodea es mi esencia, y toda mi sabiduría consiste en reflejar la sabiduría que todos los seres llevan dentro de su corazón desde el origen de los tiempos.

Amadán continuaba sin poder articular palabra, pero al menos ahora estaba viendo una parte de sí que le resultaba agradable de ver y que no hubiera imaginado que pudiera ser tan hermosa.

El Lago creó un profundo silencio en sus orillas, que dejaron de golpear ritmicamente al compás de sus ondas. Pareció como si todo el entorno, los bosques, las montañas, el río, los animales y las plantas, hubieran hecho el silencio a su vez para escuchar mejor las palabras del Lago.

–¿Cómo vas a hacer tú, Amadán, un mundo nuevo si no haces en ti primero un corazón nuevo?

El joven retuvo el aliento para percibir mejor las palabras que surgían del agua con una voz idéntica a la suya.

–¿Y cómo vas a hacer un corazón nuevo si rechazas una parte de ti y no conoces todavía tu parte más luminosa y bella?

El muchacho no quiso decir nada. Temía romper el silencio mágico que flotaba sobre la superficie cristalina del agua, y que con ello el Lago dejara de hablarle. Sentía que todo lo que le estaba diciendo iba a desembocar en algo muy importante para él, y no quería desviar el discurso de las aguas a través de su imagen.

–Todo en el Universo, todo lo que se manifiesta ante tus ojos, tiene dos partes: una sombría y desagradable; otra, luminosa y gozosa. Son el día y la noche de todo lo creado, el blanco y el negro, el frío y el calor de las almas que pueblan el cosmos.

«Todo tiene dos partes, dos mitades que danzan aferradas desde los confines del tiempo. Y en medio de esa danza nos encontramos todos los seres, gravitando de un lado a otro; desconcertados y confusos cuando la parte sombría da impulso a la existencia; satisfechos y eufóricos cuando la parte luminosa muestra su rostro inmensamente bello.

«Esas dos partes están también en ti, y en mí. Y debes de conocer primero esas dos partes de tu naturaleza, porque de lo contrario jamás conocerás las dos partes de la naturaleza humana, de ese mundo de los hombres que pretendes cambiar.

«Si deseas cambiar algo primero debes de conocerlo, y para eso tendrás que mirar primero en tu propio interior.

«Si quieres cambiar el mundo exterior deberás cambiar primero el mundo interior, porque en definitiva, aquél es un reflejo de éste... un reflejo como el que en estos momentos te está hablando.

Una brisa fresca cruzó el lago, y Amadán pudo contemplar con la piel erizada cómo toda la superficie del agua se convertía en un brillante y gigantesco espejo que repetía hasta en los más mínimos detalles las montañas y los bosques que se extendían a su alrededor.

–El mundo exterior es como un inmenso lago que te rodea por todas partes –prosiguió su imagen desde el agua–; un incomprensible lago que no puede hacer otra cosa que reflejar las imágenes que recibe del mundo interior, del auténtico mundo, del único, del verdadero, del real... Todo el universo que ves fuera de ti es el reflejo del universo que hay dentro de ti. Infinito... eterno... inabarcable para la mente... La oscuridad de su cielo en la noche es la oscuridad de tu alma primigenia. La luminosidad de su sol en la mañana es la luz de tu espíritu inmortal.

Y con un tono de voz que resultó desconocido para Amadán, el Lago agregó:

–Un lago en calma refleja la belleza de las montañas y los bosques que le rodean. Un corazón sereno refleja la bondad y la paz del espíritu que se cierne sobre sus aguas.

«¿Cuál es el reflejo...? ¿Cuál es la realidad...?

El canto de un mirlo rompió el silencio súbitamente. Y fue entonces cuando Amadán comprendió que el universo había detenido su curso durante unos instantes.

Todo lo que había dicho el Lago había sido muy hermoso, y dentro de su corazón sentía que no sólo era bello sino que además era verdad. Pero su mente no acababa de comprender el significado y el alcance de todo lo que había escuchado. Fue entonces cuando sintió que había llegado el momento de hablar.

–Entonces... cuando tenga un corazón nuevo... ¿será cuando pueda construir ese mundo nuevo?

–Sí, Amadán –respondió su imagen desde el

agua–. Pero eso ocurrirá cuando vayas más allá del Arco Iris, tal como te dijo el Roble.

–Sí, Lago, ya me lo dijo el Roble –respondió el joven como movido por un resorte–, pero no pude comprender de qué forma puedo llegar a cruzar el Arco Iris. ¿Puedes decirme tú qué es lo que tengo que hacer para poder caminar hacia él sin que, al mismo tiempo, él se aleje de mí?

Su imagen reflejada en el agua sonrió.

–Todo lo que te podría decir sobre ello te lo he dicho ya –le respondió sin darle mayor importancia–. Yo no te puedo decir más.

–Sí, ya sé –dijo desesperanzado el muchacho–. Lo tengo que descubrir yo mismo. Eso es lo que dijo el Roble.

–Exacto –respondió el Lago con aire divertido.

–Pero al menos podrías darme una pista –lanzó su última tentativa Amadán.

Su imagen en el Lago pareció recapacitar. Quizás se iba a salir con la suya al fin y al cabo; quizás podría por fin ir más allá del Arco Iris y encontrar las claves de todo este embrollo.

–No te voy a dar una pista –dijo de pronto el Lago con una sonrisa–, pero lo que sí que voy a hacer es darte algo mejor.

Amadán sonrió satisfecho.

–Te voy a dar la formulación exacta de la pregunta que tienes que hacerte –continuó el Lago, mientras a Amadán se le borraba la sonrisa del rostro–. Y la forma correcta es ésta: «¿Cómo se puede ir más allá del Arco Iris cuando al Arco Iris le gusta mantener las distancias?»

El Amadán que se veía en el Lago se echó a reír.

–Eso no ha tenido ninguna gracia –protestó el de carne y hueso.

–¿Te enfadas conmigo o te estás enfadando contigo mismo? –respondió el Lago, para acto seguido reflejar un Amadán muerto de risa.

Al final, el muchacho comprendió que era absurdo molestarse con el Lago, porque en definitiva era casi como pelear con el fantasma de uno mismo.

–De acuerdo, de acuerdo –dijo al fin Amadán echándose a reír también.

–Progresas rápido, amigo mío –le dijo el Lago–. Acabas de empezar a reírte de ti mismo. Y esa es la clave para conseguir un corazón nuevo... y para alcanzar la sabiduría.

–Quizás es que no hay nada mejor que mirarse en un espejo para que uno deje de darse importancia y pierda el sentido dramático de la vida –respondió en voz baja Amadán, y a continuación cayó en la cuenta de que había dicho algo que tenía todo el aspecto de una pesada sentencia, y aquello aún le dio más risa.

Cuando cesaron las bromas, los dos jóvenes se quedaron mirándose con mutua simpatía.

–Entonces... –rompió el silencio el que estaba encima de la roca–¿va en serio eso de la forma correcta de hacer la pregunta sobre el Arco Iris?

–Sí, totalmente en serio, Amadán –contestó el del agua–. Memoriza la pregunta y repítela en tu interior todos los días, constantemente. Y al final encontrarás la respuesta.

–«¿Cómo se puede ir más allá del Arco Iris cuando al Arco Iris le gusta mantener las distancias?» –se dijo con media sonrisa.

–Eso es.

–La verdad es que suena a broma, Lago.

–Sí, ya lo sé –replicó–. ¿Pero por qué las cosas trascendentes de la vida hay que decirlas poniendo una cara muy sería?

Volvieron a reír.

La noche cayó. Los reflejos del Lago fueron difuminándose más y más hasta desaparecer en una superficie gris mate durante el ocaso, y convertirse luego en un agujero negro entre las montañas cuando el cielo extendió su capa nocturna sobre el horizonte.

Habría muchos días para hablar con el Lago, muchos días para mirarse en él... y también para reír con él.

El Fuego

La fascinación que ejercían sobre Amadán las danzas y cabriolas de las llamas era hipnótica. En las tardes desapacibles del invierno solía entregarse durante horas al cobijo cálido del fuego del hogar, escuchando silbar a su amigo el Viento en las ventanas de cielo gris plomizo.

De cuando en cuando se le cerraban los ojos bajo el peso plácido del aire templado del cuarto, y los sueños venían a visitarle entre momento y momento en que una chispa de lucidez le recordaba dónde estaba. Entonces, abría una rendija en sus ojos y volvía a contemplar la danza apasionada de las llamas sobre los incandescentes tocones de pino, para seguidamente volver a abandonarse al seductor abrazo del sueño.

Entre estados de sueño y fascinación pasaban las tardes, acompañados en algún momento por la lectura de un buen libro o el dulce deleite de una taza de chocolate caliente.

En más de una ocasión, durante esas horas de contemplación serena de las llamas, Amadán había intentado hablar con el Fuego. Varias veces incluso lo había alimentado con más leña, pensando que quizás necesitase de un volumen elevado de calor para poder manifestarse. Pero nada de lo que había probado había tenido éxito y, pese a la intimidad que mantenía con el Fuego y a las prolongadas veladas a su lado, no había podido establecer ni el más mínimo diálogo con él.

Una tarde en que Amadán se entretenía deambulando entre el mundo de los sueños y el de apariencia más real fue cuando se estableció la comunicación. En uno de esos instantes en que abría una rendija en sus ojos para mirar las llamas, tuvo la sensación de que éstas habían adoptado por momentos la forma de un rostro.

Sin darle más importancia volvió a cerrar la rendija con el fin de abandonarse de nuevo a la caída libre del sueño. De pronto, escuchó inequívocamente una voz dentro de su cabeza.

–No te duermas otra vez. Haces que se agote mi paciencia.

Amadán abrió los ojos súbitamente, confuso; y en ese momento volvió a tener la sensación de que había visto un rostro entre las llamas.

–¿Será posible que por fin me hayas oído... –volvió a escuchar la voz dentro de su cabeza–...o es que alguien te ha dado una patada en el trasero desde el mundo de los sueños?

Amadán no sabía dónde mirar. Lo que escuchaba venía de dentro de su cabeza... y no podía volver los ojos hacia adentro para ver quién era el que le decía aquello.

«¡Las caras en el fuego!», pensó, «quizás es...»

–Sí. Soy yo. El Fuego –le respondió aquella voz en su interior.

«Pero... ¿cómo es que lo oigo...?»

–¿Que cómo es que me oyes dentro de ti? Muy sencillo. Porque formo parte de ti.

Amadán se quedó en silencio, mirando el fuego del hogar con los ojos muy abiertos, intentando vislumbrar de nuevo la cara que había visto con anterioridad.

–Sí. También estoy aquí –escuchó la voz de nuevo, pero esta vez acompañada por el rostro ígneo que, nada más terminar de hablar, desapareció entre las cambiantes formas de las llamas.

–Llevo mucho tiempo intentando hablar contigo –dijo por fin Amadán–. Pero no esperaba que tú hablaras dentro de mí.

–Más tiempo llevo yo intentando hacerte entender que a mí no se me puede escuchar con el oído –respondió la voz del Fuego en tono burlón–. Pero la espera siempre vale la pena si al final la dicha es buena –agregó conciliador.

Ya repuesto de la sorpresa inicial Amadán se recostó nuevamente en su sillón dispuesto a disfrutar de las peculiaridades de aquel nuevo amigo... o quizás habría que decir de aquel viejo amigo que hasta ahora había sido mudo...

–¡No! Más bien eras tú el sordo –protestó la voz del Fuego en su interior.

«¿Pero cómo...? Sí, claro...–razonó Amadán rápidamente para sí–, puede captar mis pensamientos porque forma parte de mí».

–¡Exacto!

Amadán se echó a reír. Aquella situación no sólo resultaba sorprendente sino también graciosa.

–Nunca se me hubiera ocurrido pensar que el Fuego pudiera tener sentido del humor –dijo el muchacho en voz alta.

–¿Qué pensabas, que era serio y sentencioso? –le dijo el Fuego.

–¡Sí! –respondió Amadán riendo más todavía.

–¿Por qué pensáis los seres humanos que todo lo que tiene algo de trascendente tiene que resultar «trascendente»? Las cosas más serias e importantes de la vida se pueden decir con una sonrisa, e incluso se pueden decir medio en broma. De esa manera es más fácil que se recuerden. ¿No te parece?

–Sí, claro.

Amadán estaba feliz. No sólo había conseguido al fin comunicarse con alguien tan especial como el Fuego, sino que además éste estaba resultando un ser de lo más entretenido y entrañable. No dudaba de que toda la amistad que le había unido a él en el silencio de sus diferentes mundos se profundizaría hasta extremos insospechados ahora que además podían hablar como dos viejos amigos.

Tras una larga conversación sobre anécdotas de momentos vividos juntos («¿Te acuerdas de aquella noche en que...?» y «Yo pensaba que no te habías dado cuenta de...»), el Fuego entró directamente en el tema que más le había impulsado a intentar contactar de consciencia a consciencia con Amadán.

–En muchos momentos, en los últimos días, te he visto triste y pensativo, Amadán –le dijo después de un pequeño silencio–. Hay algo que no va bien, ¿verdad?

La sonrisa se borró del rostro de Amadán.

–Sí, Fuego –respondió–. Durante la última luna, mirando mi imagen en el Lago, he estado descubriendo aspectos de mí que no conocía. Unos son muy hermosos; tan hermosos que jamás podría haber imaginado que se encontraban en mí. Pero otros son sombríos y densos, y me resulta difícil convivir con ellos. El Lago me ha dicho varias veces que tengo que alcanzar la serenidad en mi mente, para que a través de ella el espíritu se pueda reflejar en el mundo que me rodea como las montañas se reflejan en un lago en calma. Pero me resulta imposible conseguir esa serenidad viendo todo lo que hay dentro de mi naturaleza más oscura. Me gustaría arrancarlo de mí y arrojarlo lejos, pero el Lago dice que para hacer un corazón nuevo tengo que utilizar mis dos naturalezas, la sombría y la luminosa.

–Y así debe de ser –convino el Fuego–. No debes de luchar contra tu parte sombría.

–Pero si no lucho contra mi parte sombría, ¿cómo puede prevalecer el bien que hay dentro de mí? –protestó Amadán–. ¿Cómo puede prevalecer mi parte luminosa?

–El bien no prevalece a través de la lucha, la confrontación y la separación, Amadán –le dijo en tono grave el Fuego–. Sino a través de la unificación y la transformación.

–¿Y cómo se hace eso, Fuego?

–No oponiéndo resistencia a tu parte sombría.

El joven hizo un gesto de absoluta incomprensión.

–Si opones resistencia a algo lo alimentas con tu fuerza –continuó la voz en su interior–. Y cuanta más fuerza le opongas, más fuerza desarrollará para equilibrar tu empuje.

Y como el que comparte un secreto, la voz agregó:

–Has de luchar... pero sin luchar.

Por vez primera, Amadán encontraba algo a lo que aferrarse en aquel complicado proceso por el que estaba pasando.

–¿Y dices que a través de la unificación...?

–Sí, a través de la unificación y la transformación es como puedes integrar tu parte sombría con tu parte luminosa –le interrumpió el Fuego en su interior.

El Fuego calló. Parecía estar buscando las palabras adecuadas porque incluso el fuego en el hogar parecía haberse recogido sobre sí mismo.

–No puedes rechazar una parte de ti –dijo al fin en un tono suave–, porque por mucho que no te guste sigues siendo tú mismo, y porque el rechazo es hijo del desamor y por tanto está en contra de las leyes del universo, leyes que llevan al crecimiento y a la evolución.

«Todo lo que es amor unifica y congrega, y por tanto lleva al crecimiento. Todo lo que va en contra del amor divide, separa y disuelve.

Aquello ya lo había escuchado Amadán. Lo había oído de...

–...de boca del Águila, ¿verdad? –se adelantó el Fuego.

El muchacho sonrió mientras afirmaba con un gesto.

–Unirte a tu parte sombría –continuó el Fuego– significa *aceptar* tu parte sombría. No se trata de luchar con ella. Tampoco se trata de fomentarla ni de deleitarse en ella. Se trata simplemente de aceptarte a ti mismo íntegramente, como ser humano que eres.

Y después de una pequeña pausa, agregó:

–El lado oscuro de la Luna también es Luna...

Aquella frase entró como una saeta hasta el corazón de Amadán.

«El lado oscuro de la Luna también es Luna», repitió para sí. «Me lo guardo», y esbozó una leve sonrisa.

El fuego del hogar crepitó alborozado. El Fuego había sentido que algo comenzaba a transformarse en el muchacho.

–Y cuando se *acepta* la parte sombría –continuó diciendo–, entonces llega la transformación.

–¿Qué quieres decir con eso de la transformación, Fuego? –dijo en voz alta Amadán con visibles muestras de interés.

El Fuego emitió un suspiró, que se tradujo inmediatamente en el hogar como una activación repentina de las llamas.

–La transformación es algo mágico y misterioso –respondió–. Sucede por sí misma. Sin que nadie la invoque. Sin que nadie la ocasione. Vendría a ser algo así como la consecuencia del amor: cuando se deja de rechazar algo dentro o fuera de uno y aparece la aceptación amorosa, entonces todo se transforma.

Un halo de esperanza comenzó a aflorar en el alma de Amadán.

«Quizás así... posiblemente así...»

Algo le decía en el pecho que esa iba a ser la manera de crear un corazón nuevo, que esa sería la forma de crear un mundo nuevo.

–¿Lo entiendes ahora? –le dijo el Fuego a Amadán–. Si quieres crear un mundo nuevo no puedes hacerlo luchando contra el viejo mundo, porque de esa manera le das tu fuerza para que se perpetúe, y con ello lo fortaleces al tiempo que tú pierdes las fuerzas que necesitas para crear lo nuevo.

«Toda tu energía, toda esa esfera de luz que es tu vida, toda esa bolsa de energía que son los años de tu vida, debes de ponerla íntegramente en la creación de un nuevo mundo, no en la destrucción del viejo. La misión del que conoce la energía amorosa es siempre una misión creadora, jamás destructora. Y no hace falta hacerse hueco en el viejo mundo para construir el nuevo. Simplemente hay que plantar las semillas por los resquicios que deja el viejo mundo, y con el tiempo los nuevos brotes y los nuevos árboles se harán su propio lugar de una forma natural y sin traumas.

«Acéptate a ti mismo como eres. Acepta el mundo tal cual es. No intentes cambiar nada... o más bien... –reflexionó en voz alta el Fuego– intenta cambiar las cosas pero como si no lo intentaras.

Y entonces verás cómo se transforma todo a tu alrededor, y que casi sin darte cuenta estarás plantando miles de semillas para un mundo nuevo.

Amadán meditó en profundidad durante un buen rato las últimas palabras del Fuego. Ciertamente, eran palabras difíciles de entender e incluso difíciles de aceptar por parte de la cabeza. O quizás habría que decir que eran difíciles de aceptar para la visión del mundo que se le había dado; *una* visión del mundo, sencillamente, una entre tantas y no «la Verdad».

–Todo lo que me estás diciendo, Fuego, resulta demasiado paradójico, algo así como un rompecabezas sin sentido...

–¡Tú lo has dicho: un «rompe-cabezas»! –interrumpió el Fuego–. Lo que te estoy diciendo no puede entenderlo la cabeza porque no es una solución que tenga que ver con la cabeza. A lo largo de milenios, «la cabeza» se ha demostrado incapaz de resolver el problema, de crear un mundo mejor. Por eso la cabeza no puede entenderlo... debes dejar que sea el corazón el que lo sienta, el que lo perciba, el que lo palpe. El corazón sí que puede entender las paradojas.

–No estoy seguro de que el corazón pueda llegar a entender eso –repuso Amadán con aire escéptico.

–¡¿Cómo que no?! –respondió con fuerza el Fuego–. ¿Quién es el único que se puede aproximar al misterio del Universo ante la contemplación de las estrellas en una noche de verano? ¿Quién sino el corazón es el que comprende en el silencio de la razón el espectáculo sobrecogedor de un firmamento rebosante de estrellas?

«El Universo es una inmensa y maravillosa paradoja –prosiguió bajando el tono–. Incomprensible para la razón humana. Pero perfectamente accesible al sentimiento, al corazón de los hombres.

Amadán sumergió la cabeza entre los hombros.

–A pesar de todo... –dijo desesperanzado–lo de aceptarme a mí mismo y lo de aceptar al mundo tal cual somos es muy bonito en el papel pero... ¿quién puede hacerlo real dentro de su corazón?

Una gran llamarada ascendió súbitamente por la chimenea.

–Todo aquel que va más allá del Arco Iris –oyó con intensidad Amadán dentro de su cabeza.

Confusión. Nuevamente aparecía el Arco Iris como la clave, como el enigma a descubrir, como el detalle sin el cual nada en todo aquel lío llegaba a adquirir sentido.

–¿Cómo se puede ir más allá del Arco Iris cuando al Arco Iris le gusta mantener las distancias? –le preguntó el Fuego.

La fórmula correcta, según el Lago, pero ahora en boca del Fuego.

Quizás simplemente lo había leído en sus recuerdos. «Al fin y al cabo, el Fuego forma parte de mí», se repitió una vez más para sus adentros. Quizás es que aquella «fórmula» llevaba en sí una clave para descubrir la clave. Quizás simplemente sus amigos no humanos le estaban gastando una broma. Quizás...

–No es una broma, Amadán –le dijo el Fuego con ternura.

El muchacho levantó los ojos y miró el hogar, y allí volvió a encontrarse con la visión fugaz del rostro entre las llamas.

–No es una broma –repitió–. Y tienes que descubrir el secreto por ti mismo.

–Sí –dijo Amadán afirmando con la cabeza–. «¿Cómo se puede ir más allá del Arco Iris cuando al Arco Iris le gusta mantener las distancias?» Me lo vengo repitiendo desde hace varias semanas, tal como me dijo el Lago. Pero he sido incapaz de encontrarle el sentido.

El joven se incorporó repentinamente sobre su sillón.

–Quizás tú...

–Quizás yo... pueda ayudarte, ¿no? –se le adelantó una vez más el Fuego.

–Sí.

El Fuego guardó silencio. Las llamas menguaron en la chimenea, y el horno ígneo de las brasas refulgió como nunca antes había visto Amadán. Un soplo ardiente le llegó al rostro y, con él, llegaron una vez más las palabras que resonaban en su interior.

–En realidad no has de encontrarle ningún sentido, porque es el sentido más pleno y el sinsentido más absoluto.

«Cuando se está más allá del Arco Iris uno se encuentra en el origen de todo, en el lugar en donde dejan de haber referencias y todo se convierte en absoluto y relativo a la vez. Todo se ve desde la quietud suprema del que contempla la Creación en su estado puro y primigenio, más allá del tiempo, más allá de cualquier lugar que uno pueda concebir. Eres tú en Todo y Todo en ti...»

El Fuego se detuvo como dudando.

–Es absurdo –dijo al fin desde una profunda serenidad–. Todas mis palabras jamás servirán para que puedas entender lo que es ir más allá del Arco Iris. Esa es la razón por la que tienes que descubrirlo tú mismo.

Se sumergieron los dos en sus reflexiones, con una nube de tristeza flotando sobre ellos. Las llamas en el hogar habían menguado en gran medida, y ahora se movían lentamente, sin vida.

Amadán no tenía frío, pero pensó que quizás a su amigo le gustaría que echará más leña a la chimenea, que quizás eso le animaría un poco.

–No. Déjalo –le dijo el Fuego cuando se disponía a echar un pequeño tronco de pino–. Estoy bien así. Gracias.

El muchacho se sentó nuevamente en silencio.

–Fuego –le dijo al cabo de un rato–. Aparte de resolver el misterio del Arco Iris, ¿crees que sé ya lo suficiente como para poner manos a la obra para la construcción de un mundo mejor?

–¡Oh! Bueno... –vaciló el Fuego–. Nunca se sabe lo suficiente, Amadán. Cuanto más sabe uno, más se da cuenta de lo poco que sabe. Aquí también funciona eso de las paradojas –agregó con humor.

Guardó silencio un momento y después continuó:

–En realidad, ya has comenzado a construir un mundo mejor, puesto que tú has cambiado mucho en los días que llevas buscando respuestas y consejos. De hecho, el mundo cambió para mejor a partir del momento en que decidiste dedicar tu vida a ello. De todas formas...

El Fuego volvió a vacilar.

–...Puede ser interesante que tengas alguna conversación con otros amigos que no pertenecen a tu especie, pero que son inmensamente sabios.

–¿Con quién me aconsejas que hable, Fuego? –preguntó Amadán interesado–. Tú conoces mejor que yo...

–Sí. A eso iba –le interrumpió el Fuego dentro de su cabeza–. Te sugeriría que hablaras con la Luna.

–¡¿Con la Luna?! –exclamó el muchacho sorprendido.

—Sí, con la Luna —se reafirmó el Fuego.

—¿Pero cómo voy a hablar con ella? —e inmediatamente le llegó una idea—. Quizás... ¿quizás a través de su reflejo en el Lago?

El Fuego sonrió nuevamente en el hogar. Las llamas volvieron a adquirir fuerza e intensidad.

—Sí. Esa podría ser una manera —le dijo en un tono cariñoso—. Pero hay otra manera mejor.

Y con aire enigmático añadió:

—Pero por ahora no te preocupes por eso, Amadán.

La Luna

Amadán había oído hablar de las sensaciones de los astronautas cuando veían la Tierra desde el espacio, pero ahora se daba cuenta de que aquello era mucho más de lo que las palabras podían transmitir. Ante sus ojos se extendía aquella inmensa esfera azul, resplandeciente, maravillosa en su simplicidad, ingrávida en medio de la nada. Grandes manchas blancas salpicaban el azul aquí y allí, dejando ver por entre sus huecos los colores de los continentes: ocres, amarillos, marrones, granates, verdes oscuros, verde esmeralda... Aquello era el mayor espectáculo que un ser humano pudiera jamás imaginar.

Y el silencio...

Un silencio total... absoluto...

Ahora comprendía que nunca en toda su vida había llegado a percibir el silencio de verdad. Todo habían sido silencios relativos, salpicados de sonidos apagados, distantes, de ronroneos corporales, de pensamientos despistados que cruzaban perdidos por el paisaje de su mente...

Silencio...

Un silencio vivo...

Silencio... fuera y dentro...

Los pensamientos... se apagan... recuerdos de aquel día... el Roble...

Silencio...

Existencia...

La Tierra...

Gozo infinito...

–¿Qué haces aquí? ¿Te has perdido?

Una voz... Quién...

–¡Eh! ¡Estoy aquí! ¡A tu espalda!

Aquella voz sonaba dentro de él. Era algo parecido a la voz del Fuego, pero había algo diferente, algo que...

–¡Eh! ¡Oye! ¡Mírame!

En medio de una profunda paz, Amadán consiguió razonar que aquella voz no sonaba en su cabeza sino en su pecho. Y además...

—¡Mírame!

Además parecía una voz femenina...

Un fuerte impacto le sacudió cuando, sin saber de qué manera, contempló lo que había detrás de él.

—¡La Luna!

—Sí. Claro —le respondió con la mayor naturalidad—. ¿Te has perdido?

—Esto... bueno... yo...

—Estás un poco confuso, ¿no?

—Sí. Creo que sí.

La Luna guardó silencio, a la espera de que Amadán pusiera en orden su cabeza. Por desgracia, sin la cabeza no podía hablar.

—No... creo que no me he perdido —consiguió enlazar varias palabras por fin—. Aunque no sé cómo... cómo he venido a parar aquí... Yo... realmente... yo... yo quería venir a hablar contigo...

—¡Ah! Entonces no te has perdido —le dijo la Luna alegremente.

—No... supongo que no.

Amadán comenzó poco a poco a tomar consciencia de la inmensa belleza de la Luna. Tan diferente de la Tierra, pero también tan hermosa en su refulgente blancura.

—Eres muy hermosa.

Las palabras surgieron de su interior sin darse

75

cuenta, y fue luego cuando se preguntó si aquello sería lo correcto al tratar con una dama tan magnífica.

–Gracias, Amadán –oyó su voz en el pecho.

–¿Conoces mi nombre? –surgieron nuevamente las palabras un instante antes de que decidiera pronunciarlas.

–Sí, claro –respondió la Luna–. Conozco los nombres de todos los seres que sueñan en la Tierra.

–¿Y cómo es eso? –oyó su voz nuevamente Amadán, cuando sólo había intentado hacer un gesto de no comprender.

–Cuando soñáis venís todos flotando hasta mí, y es aquí donde permanecéis hasta que volvéis a despertar. Lo único es que la inmensa mayoría no estáis plenamente conscientes cuando venís a visitarme, y por eso luego no lo recordáis.

Y despúes de una pausa agregó:

–Pero, por lo que veo, tú has venido esta vez muy consciente...

–Sí –respondió Amadán adelantándose a sí mismo–. Pero lo cierto es que no sé cómo lo he hecho.

–En las cosas importantes de la vida no existe el cómo –dijo la Luna–. Este tipo de cosas simplemente suceden.

–Este tipo de cosas simplemente suceden –repitió Amadán en su pensamiento, aunque incomprensiblemente algo en él lo dijo en voz alta.

Amadán, confuso, intentó guardar silencio. Pero no pudo.

–Estoy confuso –se oyó a sí mismo–. ¿Qué me pasa?

La Luna se rió dentro de él.

–Lo que ocurre es que en el mundo de los sueños no hay nada que pueda permanecer oculto –le dijo divertida.

–¡Estupendo! –se oyó el muchacho en tono irónico–Esto es como quedarme desnudo delante de esta dama.

La Luna no dejaba de reírse.

–¡Qué vergüenza! –continuó Amadán sin poder detener su pensamiento–Podría dejar de reírse. Yo no le veo la gracia.

Y así continuaron las cosas durante un buen rato, con un Amadán que no podía ocultar ninguno de sus pensamientos, y una Luna sumamente divertida con las dificultades del muchacho.

Al final, Amadán no tuvo más remedio que aceptar su desnudez ante la Luna, y fue a partir de entonces cuando empezó a sentir una libertad y un gozo difíciles de describir.

–Es importante tomar consciencia de todo lo que piensas –le dijo la Luna cuando la conversación volvió a su cauce–, porque así te das cuenta hasta qué punto utilizas pensamientos preconcebidos que te hacen daño, pensamientos automáticos que aprendiste de niño y que ya no te has vuelto a replantear cuando has tenido uso de razón.

–Sí. Creo entender algo de eso –le dijo Amadán–. De niños nos enseñaron *una* verdad, pero no es la Verdad.

–Algo así. De niños os enseñan *una* verdad para poder funcionar en la vida hasta que uno puede pensar por sí mismo. Es una verdad prestada, la verdad social, la que se transmite a todos los miembros de una sociedad. Lo que pasa es que luego a una gran mayoría se le olvida buscar su propia verdad, que no olvides que seguirá siendo tan sólo *otra* verdad y no la Verdad. Creo que los seres humanos sois un poco perezosos con todo esto.

–¿Y de qué nos sirve buscar otra verdad diferente si tampoco es la Verdad? –se oyó Amadán.

La Luna sonrió en su corazón.

–Si sólo tienes una verdad no podrás ir más allá. Es como tener un muro delante, sin fisuras, sin resquicios. Si desarrollas otra verdad tendrás dos muros, uno al lado del otro.

–¿Y bien? –preguntó Amadán–Me parece que te estás haciendo la lista conmigo.

Si Amadán hubiera tenido piel y sangre habría enrojecido de vergüenza. Pero a la Luna el comentario no le había afectado como él suponía, porque la oía reírse en su pecho.

Al final, Amadán también rió.

–Lo siento –le dijo–. Me resulta sumamente difícil controlar mis pensamientos.

–No tienes que controlarlos –le respondió la Luna entre risas–. Sencillamente debes dejarlos pasar. No les opongas resistencia. Sólo déjalos pasar.

–Sí. Eso me resulta familiar –y haciendo un alto volvió al tema que intentaban llevar–. Bien. Me decías que entonces tendríamos dos muros, ¿no?

–Dos muros –repitió la Luna–. Los muros vendrían a ser las palabras. Las pequeñas verdades están hechas de palabras. Palabras que no nos dejan ver la Verdad. La Verdad no se puede expresar con palabras. ¿Entiendes?

–Pues no demasiado bien.

La Luna respiró.

–Si sólo tienes un muro pensarás que las cosas son así, y han sido siempre así. No te plantearás nada más, y te morirás sin saber qué había detrás del muro, sin siquiera haberte planteado que detrás de él podía haber algo más. Por el contrario, si tienes dos muros llegará un momento en que dudarás del primero, y con el tiempo esas dudas se extenderán hasta el segundo. Llegarás a dudar de los dos.

–¿Y cuando dude de los dos qué ocurrirá? –preguntó el joven.

–Que te atreverás a mirar por el resquicio que queda entre los dos muros –afirmó la Luna con toda naturalidad.

–¿Quieres decir que me meteré por entre las dos verdades, la que me dieron de niño y la que me creé de adulto?

–Sí.

–¿Y entonces podré conocer la Verdad?

–Sí. Aunque más bien habría que decir que podrás *ver* la Verdad, puesto que aquí ya no sirven las palabras, ya no hay muros, sino un espacio abierto infinito... y una libertad total, absoluta; una libertad que nada tiene que ver con declaraciones de independencia, ni con leyes humanas de papel. La libertad de verdad, la Libertad de la Verdad, la libertad infinita que se siente dentro de uno, y que le permite seguir siendo libre en cualquier condición en la que viva.

«La Libertad no es un derecho de papel, no es algo que te dan o te quitan los políticos, los jueces o los ejércitos. La Libertad es un estado del Ser, y hay que conquistárselo a la Vida por la fuerza...

–¡Uau! –se oyó exclamar Amadán–. ¡Eso suena muy bien!

–Lo mejor no es cómo suena, sino como se siente –rectificó la Luna.

–Luna, ¿todo esto tiene que ver con lo de ir más allá del Arco Iris? –preguntó con inocencia.

–Sí, Amadán. En realidad, todo tiene que ver con lo que ocurre al otro lado del Arco Iris.

–¡Entonces podré crear un mundo nuevo! –se

volvió a oír pensar en voz alta el ahora esperanzado Amadán.

—Sí. Podrás crear un mundo nuevo —coincidió la Luna—. Pero para eso tendrás que soñar primero.

—¿Soñar?

—Sí. Soñar. Para que un nuevo mundo se haga realidad hay que soñar en él.

—¿Quieres decir que hay que imaginarlo?

—Hay una pequeña diferencia entre imaginar algo y soñar con algo —matizó la Luna—. Cuando uno sueña con algo no sólo lo está imaginando, sino que lo está animando con su propio espíritu para que algún día tome vida. Todo lo que existe, antes de nacer en el mundo físico y sensible, ha tenido que nacer en el mundo del Espíritu. Por eso debes de soñar con ese nuevo mundo que deseas. Por eso tenéis que soñar todos los seres humanos en ese nuevo mundo que anheláis; porque de lo contrario jamás se manifestará en la Tierra.

—Pero, Luna... —intervino Amadán confuso—, no siempre los sueños se convierten en realidad.

—¡Claro que no! —exclamó ella en su interior.

—¿Por qué?

—Porque en los mundos del Espíritu siempre se ponen obstáculos a los sueños que van contra la Vida o a aquellos otros que os van a hacer retroceder en vuestro crecimiento.

Y en un tono más apagado añadió:

–A pesar de todo, hay sueños que van contra la Vida y que se hacen realidad gracias a la insistencia de aquellos que los sueñan, aunque más tarde se vean obligados a pagar las consecuencias. De todas formas, todo está tan bien pensado que, hasta esas cosas, a la larga y de una manera inconcebible a primera vista acaban trabajando también para el bien... Pero todo eso lo comprenderás cuando cruces el Arco Iris.

–Eso si algún día consigo cruzar el Arco Iris –le dijo Amadán con un tono pesimista mientras la oscuridad le rodeaba.

–Nunca pierdas la esperanza, Amadán –sintió su voz muy lejana, con una dulzura infinita–. No lo olvides: nunca pierdas la esperanza.

«Nunca pierdas la esperanza»

«Nunca pierdas la esperanza»

Ecos perdidos en el silencio del Cosmos...

Silencio...

Silencio...

Amadán abrió una rendija minúscula en los párpados.

«¿Dónde está la Luna?», pensó.

–Cualquiera diría que te resulto soporífero, muchacho –oyó en su cabeza la voz familiar del Fuego–. ¿O es que estás en la luna?

Amadán abrió los ojos con dificultad. La chimenea... El Fuego... ¡Había sido todo un sueño!

–¿Estás seguro? –le preguntó su amigo.

«Es cierto.» pensó, «eso no ha sido un sueño normal...»

–No, muchacho. No lo ha sido –le dijo el Fuego.

–Por favor, puedes dejarme en paz –estalló Amadán–. Me gustaría recuperar algo de mi intimidad... Con la Luna me he sentido... yo... y ahora contigo... tampoco puedo... ¡Me gustaría poder pensar sin que todo el mundo se entere de lo que estoy pensando! –atinó a decir por fin.

–Me temo que eres de los que tienen un mal despertar –le dijo el Fuego sin perder la compostura.

Amadán se cubrió el rostro con las dos manos, y pocos instantes después su enfado se transformó en una risa tranquila y silenciosa. ¿Qué podía esperar cuando su locura le había llevado a hablar con los animales y los árboles, con el agua y el viento, con el fuego y hasta con la Luna?

–De acuerdo –dijo después de reír de buena gana–. Me tendré que ir acostumbrando a todo esto, ¿no es así?

–Sí, me parece que sí –respondió el Fuego–. Cuando se forma parte de todo el mundo que te rodea, a veces hay que renunciar a una parte de tu intimidad.

Y sin mediar más conversación le preguntó:

–¿Recordarás todo lo que te ha dicho la Luna?

–No ha sido un sueño, ¿verdad? –preguntó a su vez Amadán.

–No, no ha sido un sueño. No al menos tal como vosotros los hombres concebís los sueños –y con rotundidad afirmó–: has estado hablando realmente con la Luna, Amadán.

El joven respiró profundamente y pasó revista de lo sucedido durante el «sueño».

–Sí. Lo recuerdo todo.

–Estupendo –murmuró el Fuego–. Pronto acabará el invierno. Y la Luna ya se prepara para demostrar su soberanía en el cielo... y para convertir algunos sueños en realidad.

–¿Qué quieres decir con eso?

–Nada, nada... es sólo un presentimiento, muchacho.

La Montaña

Los últimos días del invierno fueron tristes y grises. Y no sólo fueron tristes y grises en el lago, sino también para el alma de Amadán.

En apenas tres meses había aprendido tanto como hubiera podido aprender en tres años, pero ahora se encontraba en la situación de un náufrago en una isla desierta de oro puro.

Sí, ahora sabía mucho más acerca de sí mismo, de los hombres y del mundo pero, ¿realmente aquello le iba a servir para algo? Nadie puede cambiar las voluntades del resto de los mortales. Uno puede cambiarse a sí mismo, sí, pero con uno sólo que cambie no cambia el mundo, y por otra parte, ¿realmente debía de cambiar el mundo? ¿No sería él demasiado pretencioso? ¿Quién era él para decir cómo tenía que ser el mundo? Al fin y al cabo, ¿para qué servía calentarse tanto la cabeza?

Como si hubiera presentido su situación, el Viento acudió en su ayuda. Todo el lago se estremeció con su llegada. Traía aromas de las tierras del sur, cálidas y llenas de color, perfumadas de especias y frutas exóticas.

–¿Qué le ocurre a mi buen amigo Amadán que ha perdido su mirada soñadora? –oyó decir al Viento a su espalda.

El muchacho se volvió a tiempo para recibir en el rostro el toque tibio y perfumado que portaba su amigo en las alforjas.–Como una cigüeña que hubiera perdido el norte te veo dudar –le dijo ya frente a él, colgándose de una rama–. Dime, Amadán, ¿qué te ocurre?

–Tú mismo lo has dicho, Viento –contestó el muchacho con una sonrisa triste–. Tengo dudas, demasiadas dudas sobre lo acertado de mi decisión... sobre aquello a lo que iba a dedicar mi vida.

–¿Acaso los consejos que te han ido dando los amigos del lago no eran sabios?

–¡Oh, sí! Quizás *demasiado* sabios –respondió no sin cierta ironía–. Cuanto más aprendo, más dudas me sobrevienen acerca de mi papel en este mundo, en la vida, en mi vida. Y según me han dicho hay una clave que puede resolver toda esta confusión de un plumazo; una clave que debo descubrir, pero que he sido incapaz de desentrañar.

«Sé que para hacer un nuevo mundo debo de

hacerlo primero en mi interior, que si quiero que haya paz debo de conseguirla primero en mi corazón; sé que el nuevo mundo hay que soñarlo, y poner mucho amor en él, y sé muchas cosas más. Pero sigo preguntándome de qué sirve todo eso cuando un solo hombre no puede cambiar el mundo.

El Viento agitó su cabello con unos dedos delgados y largos pero invisibles.

–Bien. Me parece que ha llegado el momento de que hables con alguien que te puede ayudar bastante en este momento.

–¿Quién? –preguntó Amadán sin mostrar un excesivo interés.

–La Gran Montaña –respondió el Viento.

–¿Aquella que se ve en la lejanía por el valle?

–Sí. A poco de comenzar su ascenso hay una cárcava muy tranquila en donde la Montaña suele recrearse en sus meditaciones. Te espero allí mañana, poco después del amanecer.

✳ ✳ ✳

–Me temo que vas a tener que aprender algunas cosas sobre la paciencia.

La voz de la Gran Montaña resultaba profunda y cavernosa, a pesar de que en las inmediaciones de aquella cárcava no había ninguna cueva ni gruta que pudiera darle esa sonoridad tan especial.

–Los grandes bosques de encinas, las laderas

pobladas de arces, tejos, robles y pinos, el gran Roble del lago, ¿te crees que crecieron de la noche a la mañana? –dijo pausadamente la Montaña–. Las cosas que tienen que durar milenios crecen lentamente. Lo que crece rápido muere rápido. ¿Cómo prefieres que crezca tu nuevo mundo?

Amadán guardó silencio. Sabía que la Montaña tenía razón, que no había nada que objetar a sus palabras.

–Has de aprender a ser paciente, muchacho –continuó la Montaña–. Y junto con la paciencia has de aprender a insistir sin descanso, a no rendirte jamás, a no dejar nunca de luchar...

–¿Luchar... como si no luchara? –preguntó tímidamente Amadán.

–Eso es –respondió la Montaña–. A veces basta con mantener la esperanza de que nuestros sueños aún se pueden alcanzar.

Sí, aquello también le sonaba. Parecía como si todos se hubieran puesto de acuerdo para decir las mismas cosas. Pero Amadán sentía en su corazón que no era así, que lo que sucedía era que todos decían lo mismo porque todos aquellos con los que había hablado, en sus milenios de existencia, habían aprendido las mismas cosas. Y algo dentro de él, quizás su parte más ancestral, la memoria de la especie humana, le decía que tenían razón.

–Pero a pesar de todo –intervino Amadán–, a

veces pienso que terminaré por perder la esperanza. En estos tres meses no he podido resolver mi principal pregunta: ¿cómo puede un solo hombre hacer un mundo nuevo?

–Noooo... –exclamo la Montaña–, uno solo no puede...

–Entonces, ¿para qué seguir hablando? –interrumpió el muchacho desesperanzado.

–...Pero déjame que te cuente una historia.

¿Una historia? Aquello era nuevo entre todos los amigos del lago con los que había hablado.

La Montaña pareció aclararse su profundísima voz antes de continuar.

–Hace bastantes milenios, cuando todavía era joven y de crestas afiladas, sentí que debía derribar una parte de mi ladera norte con el fin de crear el suelo adecuado para que pudiera crecer un bosque de tejos y de pinos negros a mis pies. Así pues puse manos a la obra, y durante siglos estuve lanzando las mayores peñas de las que disponía en mi cima con el objetivo de hacer ceder el terreno. Pero a pesar de las toneladas con las que embestía los salientes, no conseguía hacer caer aquella ladera.

«Llegó un momento en que me quedé sin rocas grandes, y entonces me dediqué a lanzar las piedras de mayor tamaño de las que podía disponer. Pero ni aún así conseguí hacer ceder aquellos salientes.

«Llegó un momento en que estaba a punto de

rendirme a la evidencia de que jamás iba a poder derribar aquella ladera, y de que no iba a poder crear el ambiente adecuado para que pudieran crecer con los siglos los ansiados tejos. Ya no me quedaban rocas. Ni siquiera me quedaban piedras grandes. Tan sólo disponía en mi cima de pequeños guijarros que jamás podrían provocar lo que no habían podido provocar las grandes rocas y piedras que había desprendido a lo largo de siglos.

«Pero en un momento de lucidez pensé que no tenía que dejarme llevar por la desesperanza, y con toda mi alma puesta en el intento envié un pequeño guijarro cuesta abajo por aquella ladera.

«Aquella pequeña piedrecilla movió a otras muchas, que a su vez movilizaron a otras miles a lo largo de la ladera, hasta que al final provocaron una avalancha de rocas y piedras que derrumbó definitivamente aquella ladera tan pertinaz.

«Gracias a aquel pequeño guijarro creció el bosque de tejos por el que más de una vez has encontrado la paz que buscabas.

Los ecos de la cavernosa voz de la Montaña flotaron en el ambiente de la cárcava, y antes de que se disiparan en el silencio de las montañas, la Gran Montaña añadió:

–Un solo guijarro puede derribar una montaña. Un sólo hombre puede llegar a hacer el milagro.

Aquello sonó a los oídos de Amadán como una

campanada en medio de la noche. Algo se abría a la luz en su interior. Las tinieblas de la desesperanza comenzaban a disiparse en la nada.

–Un solo pensamiento, capaz de provocar tan solo un acto en cualquiera de los hombres –continuó la Montaña–, puede llevar a la humanidad con el paso de los siglos por un rumbo completamente diferente, puesto que el Tiempo trabaja siempre a favor de los que respetan las leyes del Universo. Quizás un poema, quizás una canción, quizás una palabra dicha en un momento crítico, puede transformar a toda una generación y cambiar así el rumbo de vuestra historia. Quizás una mano tendida a alguien, en algún lugar, en un momento determinado; quizás un abrazo, quizás un libro, quizás una simple mirada en el instante justo antes de morir puede hacer saltar la chispa que dispare una reacción en cadena entre tus hermanos los hombres.

«El Universo es mágico y misterioso, y por mucho que os esforcéis vosotros en medirlo, pesarlo y predecirlo, seguirá siendo mágico y misterioso. Y nunca sabremos en qué momento, con qué pequeña circunstancia, dará un vuelco a vuestra historia o a la nuestra. Tan sólo podemos saber que todo está bien hecho, y que de una manera o de otra, todo se encamina hacia la culminación de su perfección.»

La voz se disipó en la cárcava, y un silencio pesado parecía invitar a Amadán a que dijera algo a su interlocutor. Pero no se le ocurría nada que decir. Las palabras de la Montaña daban vueltas en su cabeza al tiempo que, poco a poco, le devolvían la esperanza.

La esperanza. Tan necesaria para llevar a cabo lo que se había propuesto, tan necesaria para llevar adelante la locura que sólo a un idiota se le podía ocurrir. ¿A quién se le ocurre que puede cambiar el mundo él solo? Bueno... él solo no, él tan sólo pondría su parte.

Pero quién sabe si su parte, su pequeña parte entre tantos miles de millones de seres humanos, sería la que inclinaría definitivamente la balanza hacia el lado de un nuevo mundo, de una nueva humanidad con la que tantos millones de personas soñaban desde hacía siglos.

Las palabras de la Montaña le habían dado de pronto la fuerza necesaria para lanzarse a su pequeña cruzada por hacer un mundo mejor. ¿Qué importaba si él no llegaba a ver el resultado de su dedicación en esta vida? ¿Qué importaba si nunca nadie llegaba a saber que quizás fue su aportación la que provocó el cambio de rumbo en la historia? ¿Qué importaba si la Historia de los hombres ignoraba su aportación a la Historia Natural de la Humanidad? Lo importante era que los hombres dejaran de sufrir injusta e innecesariamente, que los árboles y los animales pudieran vivir en el planeta sin estar sojuzgados por el pie del hombre, que las guerras terminaran para siempre, que los hombres vivieran de verdad, de una vez por todas, como hermanos.

La esperanza debió reflejarse en los ojos de Amadán para que su amigo el Viento le dijera bajito al oído:

–¿Te das cuenta? Sabía que la Gran Montaña te ayudaría a salir de tus dudas.

Amadán sonrió, y aquella sonrisa no pasó desapercibida para la Montaña.

–Veo que renace en ti la esperanza, muchacho –le dijo–. Eso es bueno, porque constituye la esencia que alimentará tu corazón. Pero no olvides que la chispa para que esa esencia entre en combustión sólo puede dártela la fe.

–¿Qué entiendes tú por fe, Montaña? –intervino de improviso Amadán.

La Montaña pareció carraspear y aclararse la garganta de nuevo antes de continuar.

–La fe es la convicción interna de que puedes hacer algo. Pero tiene que ser una convicción sin reservas, sin el más mínimo resquicio para la duda, o de lo contrario no funcionará.

«No sólo has de tener la esperanza de ver cómo nace un mundo mejor. Has de tener también la fe absoluta e inconmovible de que vas a poder hacerlo realidad.

–¿Y cómo se puede conseguir una fe así? –volvió a preguntar el joven.

–No se consigue –fue la respuesta–. Aparece, así, sin más, después de un tiempo de vagar por aquí y por allá en los reinos de tu corazón.

Amadán deseó en su corazón que la solución al enigma de cómo ir más allá del Arco Iris hubiera sido tan fácil como eso, y así se lo hizo saber al Viento cuando juntos bajaban por el valle de regreso al lago.

–A veces dudo de que algún día pueda llegar a cruzar el Arco Iris –le dijo con tristeza.

El Viento sopló cariñoso en sus oídos:

–Amadán, no es necesario cruzar el Arco Iris para poner tu parte en la creación de un mundo mejor.

–Sí pero me dijeron que sería conveniente para poder ser de la mayor ayuda.

El Viento suavizó la brisa unos instantes y luego preguntó:

–¿Recuerdas la pregunta?

–¿Cómo no? Me la he hecho un millón de veces.

–¿Cómo se puede ir más allá del Arco Iris cuando al Arco Iris le gusta mantener las distancias? –recitó mecánicamente el Viento.

–Os la sabéis todos... –dijo Amadán con ironía.

–Claro. Todos hemos tenido que resolver el enigma.

–¿Y cuál es la respuesta? –le tentó el muchacho inocentemente.

94

El Viento sonrió en un pequeño remolino de hojas y polvo.

–No hay respuesta...

–¿Qué? –exclamó Amadán a media voz.

–... O también... tiene muchas respuestas –añadió divertido.

Con un leve aire de desesperación simulada, y buscando alguna pista que le pudiera ayudar, Amadán se encaró con su amigo.

–Viento, a ti te hago la pregunta, ¿cómo se puede ir más allá del Arco Iris cuando al Arco Iris le gusta mantener las distancias?

–No yendo –respondió el Viento aceptando el juego.

–¿Cómo? –insistió con fuerza el joven.

–Alcanzándolo por dentro –continuó el otro divertido.

–¡No te entiendo, Viento! –gritó Amadán.

–¡No hay nada que entender! –sopló con fuerza–. Lo que hay que hacer es no intentar ir. Si lo intentas se alejará. Siempre sucede.

–Viento, ¿cómo se puede ir más allá del Arco Iris cuando al Arco Iris le gusta mantener las distancias? –preguntó el muchacho a voz en grito contra las rachas de aire que le acometían.

Y el Viento, con un rugido en las copas de los árboles, respondió: –¿A quién es al que le gusta realmente mantener las distancias?

Súbitamente todo enmudeció.

Amadán se detuvo en el sendero, reflexionando sobre lo que le había dicho el Viento. Ahí habían claves importantes que tenía que descifrar. Pero el Viento aún quiso jugar un poco más.

—Amadán —dijo esta vez con una brisa silenciosa—. ¿Quién fue el primero que te habló de lo que había más allá del Arco Iris?

—El Gran Roble —dijo el muchacho sin tener que hacer demasiados esfuerzos de memoria.

—¿Y cómo pudo el Roble cruzar el Arco Iris, Amadán?

Y sonriendo por entre las ramas de los pinos se alejó a gran velocidad en dirección al lago.

El Arco Iris

Había perdido la cuenta. Realmente eran muchos los días que llevaba en la cima de la Gran Montaña. Sólo sabía que pronto llegaría la Luna llena y que la primavera ya tendría que haber despuntado en brotes y hierbas.

Allí se había retirado, decidido a resolver el enigma del Arco Iris a cualquier precio, y después de todo aquel tiempo se podía ver en su aspecto físico el precio que ya le estaba costando. Delgado y demacrado, con la piel agrietada de tantos días a la intemperie, se pasaba la mayor parte de las horas sentado en el suelo, de espaldas al sol, esperando la lluvia que pudiera crear un arco iris de la nada.

La determinación de los primeros días había dejado paso a una intención serena, sosegada, producto quizás del descenso de los ritmos corporales, pero también debida a cierta forma de colapso mental que le había sumido en un laberinto de ideas contrapuestas, y de ahí a cierto grado de abandono que, en muchos momentos, le recordaba los días posteriores a su conversación con el Gran Roble.

Gracias a las pistas que le había dado el Viento había conseguido averiguar por dónde se resolvía el problema. Ahora sabía que había que cruzar el Arco Iris por dentro.

«Hay una manera de ir más allá del Arco Iris –le había dicho el Roble en aquella ocasión–. *La tienes que descubrir tú mismo, dentro de ti.»* ¡Dentro de ti! El Roble se lo había dicho muy claro, pero él no lo había entendido en aquel momento. Y, como bien había dicho el Viento, ¿cómo el Roble hubiera podido cruzar el Arco Iris y hablar de ello si no lo hubiera hecho desde dentro de sí mismo?

De todas formas, para Amadán seguía existiendo el problema.

Sí, el Arco Iris se podía cruzar desde dentro... ¿pero de qué manera?

Durante todos aquellos días, Amadán lo había intentado todo; había intentado imaginar que cruzaba un arco iris dentro de él, con los ojos cerrados; había probado a imaginarse el arco iris en el paisaje, con los ojos abiertos; había intentado hablar con un arco iris que de pronto apareció en sus sueños, pero aquel arco iris decía muchas tonterías y llegó a la conclusión de que no podía tratarse del Arco Iris;

había estado esperando arco iris reales en el paisaje con la intención de probar de nuevo todas sus ocurrencias... pero nada.

Sabía que tenía que cruzar el Arco Iris dentro de sí mismo, pero no sabía cómo.

Y de ahí venía su colapso mental. A base de plantearse hipótesis y contrahipótesis había llenado su cabeza de paradojas y contrasentidos irresolubles, hasta el punto de que una parte de él, concretamente la «cabeza», estaba a un paso de rendirse.

Sin embargo, al mismo tiempo pensaba que no debía de permitirse esa rendición, que sería como perder la esperanza y, por tanto, perder la batalla. Pero algo en su corazón le decía que la «cabeza» nada tenía que ver con la esperanza, que ese era un regalo del corazón y que, por el contrario, si se rendía la «cabeza» entonces sería cuando comenzaría lo bueno. Pero, ¿qué era «lo bueno»?

Preguntas y más preguntas. Respuestas en un sentido y en otro, paradojas y más paradojas...

–*Los humanos pensáis demasiado* –le vino a la memoria la voz ronca del Águila–. *Las cosas del corazón se saben o no se saben. No hay formas, ni sistemas, ni técnicas, ni modos... Los seres humanos pretendéis controlarlo todo con vuestra cabeza y no os dais cuenta de cuánta eficacia perdéis al hacerlo así. Yo no me pregunto cómo tengo que volar,*

simplemente siento lo que tengo que hacer con mi
cuerpo y con mis plumas, y lo hago. Nada más.

Nada más... Nada más... Pero, ¿qué es lo que tenía que sentir para cruzar el Arco Iris?...

–*Todo tiene dos partes, dos mitades que danzan aferradas desde los confines del tiempo. Y en medio de esa danza nos encontramos todos los seres, gravitando de un lado a otro; desconcertados y confusos...*

«*¿Cuál es el reflejo...? ¿Cuál es la realidad...?*»

–Lago... Lago... ¿Me escuchas?... ¿Cuál es la realidad?... Dímelo tú, Lago...

Paradojas...

Paradojas...

–*Lo que te estoy diciendo no puede entenderlo la cabeza* –le parecía escuchar todavía la voz del Fuego en su cerebro–, *porque no es una solución que tenga que ver con la cabeza... Debes dejar que sea el corazón el que lo sienta, el que lo perciba, el que lo palpe. El corazón sí que puede entender las paradojas.*

–El corazón sí que puede, pero ¿cómo se renuncia al pensamiento? ¿Cómo voy a renunciar al pensamiento? ¡Soy un ser humano! ¡No puedo renunciar al pensamiento!

«Debo mantener el sol a mi espalda... debo mantenerlo a mi espalda... Quizás hoy aparezca el Arco Iris...»

–*El Universo es una inmensa y maravillosa paradoja* –volvía la voz del Fuego–. *Incomprensible para la razón humana. Pero perfectamente accesible al sentimiento, al corazón de los hombres.*

«Pero cómo... ¿cómo se cruza el Arco Iris desde dentro?»

–*En las cosas importantes de la vida no existe el cómo* –llegaba de pronto en su memoria la voz de la Luna–. *Este tipo de cosas simplemente suceden.*

–¿Suceden, Luna...? ¿De verdad que simplemente suceden...?

–*La transformación es algo mágico y misterioso. Sucede por sí misma. Sin que nadie la invoque. Sin que nadie la active. Vendría a ser algo así como la consecuencia del amor: cuando se deja de rechazar algo dentro o fuera de uno y aparece la aceptación amorosa, entonces todo se transforma.*

–¿Pero qué es lo que estoy rechazando, Fuego? ¿Qué es lo que no acepto?

–*Los humanos pensáis demasiado... Los humanos pensáis demasiado...*

«Debo mantener el sol a mi espalda...»

–*El Universo es mágico y misterioso, y por mucho que os esforcéis vosotros en medirlo, pesarlo y predecirlo, seguirá siendo mágico y misterioso.*

–*Los humanos pensáis demasiado...*

–*...nunca sabremos en qué momento, con qué pequeña circunstancia, dará un vuelco a vuestra* *historia o a la nuestra. Tan sólo podemos saber que todo está bien hecho, y que de una manera o de otra, todo se encamina hacia la culminación de su perfección...*

...la culminación de su perfección...

Nunca pierdas la esperanza... Nunca pierdas la esperanza...

Y se hizo el silencio dentro de él...

Fue como un salto al vacío, una caída interminable, eterna... Y en el instante siguiente *vio*. Dejó de pensar y simplemente *vio*.

Quedaron a un lado los esquemas, las ideas, las interpretaciones de la realidad... y *vio* directamente la Realidad. Desnuda. Pura. Tal como la había visto cuando era un bebé recién nacido.

Ya no pensaba en la realidad. Simplemente la contemplaba, sin enjuiciarla, sin añadirle valores de ningún tipo, sin compararla con nada, sin encasillarla, sin limitarla con conceptos, sin plantearse otras posibilidades. Todas, absolutamente todas las posibilidades se encontraban ya allí. No sobraba nada. Todo estaba en su sitio. Todo era perfecto de una manera que jamás hubiera podido comprender su mente racional.

No existían razones que justificasen nada. Todo

era perfecto, más allá del espacio, más allá del tiempo... Ciertamente... ¿qué era eso del espacio y del tiempo?

Todo en un Ahora...

Todo en un Aquí...

Todo era Consciencia. Todo era perfectamente absurdo, paradójico, ridículo, sin sentido... Todo era perfectamente innecesario... y al mismo tiempo Todo era Perfecto ya.

No había nada que cambiar. De una forma que nunca hubiera podido comprender anteriormente con la cabeza, se daba cuenta ahora de que no había nada que cambiar. Mediante una pirueta de la percepción, inconcebible para la razón, la Realidad había cobrado un sentido pleno a la vez que el sin sentido más absoluto.

No podía pensarlo, pero lo *veía*: *Todo estaba bien.*

Y en su pecho sintió algo de lo que había oído hablar mucho a los hombres pero que, ahora se daba cuenta, nunca había sentido hasta ese momento. Sí, aquello era lo único a lo que se le podía aplicar el nombre de Libertad; y sabía que los hombres hablaban de oídas sobre la Libertad, o que más bien hablaban de la libertad, así, con letra pequeña, con la boca pequeña, con el corazón encogido por el miedo.

Era Libre, total y absolutamente Libre. Libre de todo tipo de temor y miedo. Libre de todo tipo de carga o exigencia impuesta, de todo tipo de culpa, de todo tipo de necesidad.

Podía hacer lo que quisiera con su vida. Desde aquel nivel de la percepción veía que era tan importante o tan innecesario dedicar la vida a plantar patatas como gobernar la nación más poderosa del planeta. La vida no era un drama. Era más bien una inmensa representación teatral en donde cada uno asumía un papel y acababa perdiendo la noción de que era un actor. Ahora comprendía que, más allá del papel que tocara interpretar en aquella inmensa obra de teatro, lo importante era hacer bien el papel, pero sin perder de vista que por detrás del personaje estaba el actor, el testigo silencioso de aquel drama, aquel que se vestía de ésta o de aquella manera, aquel que jugaba a ser bueno o malo.

Algo comenzó a reír en su pecho...

Sentía algo... algo a su espalda...

Con una tranquilidad y una parsimonia inimaginables en otro tiempo comenzó a volverse sabiendo lo que iba a encontrar.

Y allí estaba... el Arco Iris... Entre el Sol y él.

No podía estar en el paisaje que se extendía delante de él. Sabía que lo había cruzado. Su corazón le decía que lo había cruzado. Allí estaba, inmenso, elevándose por encima de su cabeza como un puente gigantesco entre el Cielo y la Tierra, brillante, intenso, sobrecogedor en su infinita sencillez.

Y la risa de su pecho subió hasta su garganta, y después a su boca, y por último a sus labios. Y rió como nunca había reído, con una risa gozosa y estúpida al mismo tiempo. Y sintió que era el Espíritu, su Espíritu, el que reía en él, y que lo hacía como si no hubiera podido reír hasta entonces, después de una vida amordazado y en silencio. Era el Universo, era la Vida la que reía, a través de su diafragma y de su garganta, con sus dientes y sus labios.

Y *vio* que el Arco Iris también reía, y que de una forma indefinible le saludaba, sin palabras, porque algo en su corazón le decía que el Arco Iris nunca hablaría, porque la vivencia que traía no se podía describir con palabras; que siempre había sido mudo, porque su ciencia estuvo siempre más allá de todo concepto, de toda idea, de todo pensamiento.

Amadán le saludó. Le saludó con la sonrisa de su corazón, le saludó con el gozo de su Libertad, de igual a igual. Y con él conversó, sin palabras, sin ideas ni conceptos, sin marcos donde encerrar la Realidad... pura... inmaculada...

desde el principio de los tiempos...

desde un presente por siempre eterno...

❋　❋　❋

—Y ahora, ¿qué vas a hacer con tu vida, Amadán?

El muchacho sonrió desde el corazón de su alma.

—Voy a dedicar mi vida a hacer un mundo mejor —dijo con calma, recreándose en cada una de sus palabras.

El Viento también sonreía, ahora podía sentirlo, mientras agitaba los brotes nuevos de la primavera.

—Sabía que tu respuesta no iba a cambiar —le dijo con una suave brisa en el rostro.

—Y, sin embargo, ahora todo es diferente —le respondió Amadán.

—Sí —convino el Viento en voz baja—. Ahora decides desde tu Libertad. Sabiendo que nadie ni nada te obliga. Sabiendo que tu felicidad no depende de ello.

Y tras una pequeña pausa, agregó:

—Ahora ya no hablas de *cambiar* el mundo...

—No hay nada que cambiar... —susurró Amadán dejando caer la cabeza a un lado—. ...sólo se trata de crear un mundo más hermoso, más lleno de Vida.

Amadán reía relajadamente. Sabía que el Viento conocía a la perfección lo que él sentía. Hacía eones de tiempo que el Viento *veía* la Vida como ahora él acababa de descubrir que se podía *ver*.

Ahora decidía libremente, se entregaba libremente. No por obligación moral alguna, ni por sentimiento de culpabilidad alguno; sino simplemente por amor, porque eso es lo que nacía de su corazón.

Desde más allá del Arco Iris había visto que todo era perfecto ya, pero hacer un mundo mejor era su manera de contribuir a esa perfección, su manera de formar parte de esa perfección.

–Cambiarlo todo sin cambiar nada... –le dijo el Viento con el rumor en las copas de los pinos.

–Cambiar como si no cambiara –añadió Amadán.

–...Y todo se transformará de una manera mágica, misteriosa –continuó el Viento–, de la manera más perfecta, increíble y maravillosa posible.

–Así es –dijo Amadán.

–Así es –dijo el Viento.

¿Qué quieres hacer con tu vida?

Qué pregunta tan sencilla. Y al mismo tiempo, desde el corazón de la vida, qué pregunta tan incómoda.

Mientras no nos preguntamos qué estamos haciendo con nuestros años tenemos la sensación de que todo sigue el curso previsto por la historia para nosotros,

el curso que siguieron nuestros padres...

el curso que siguieron nuestros abuelos antes que nuestros padres...

¿Pero en verdad era ese el curso que teníamos que seguir unos y otros?

¿O quizás cada cual debería de haberse planteado la incómoda pregunta, y debería de haberse visto obligado a responder según su conciencia?

109

Quizás el curso que desde todas partes nos dije-ron que teníamos que seguir sea nuestro verdadero pecado original,

Quizás sea esa la herencia que, para nuestro mal, se transmite de generación en generación.

Aquí termina la historia de Amadán. Aquí termi-na su metamorfosis.

Quizás haya cosas que te resulten difíciles de entender...

Quizás es que, como él, debas digerir en tu cora-zón lo que no llega a comprender la cabeza.

Aquí termina la historia de Amadán y comienza la tuya propia.

¿Te lo habías planteado ya?

¿Qué quieres hacer con tu vida?

Índice